A Curious Mind
好奇心

Brian Grazer
Charles Fishman —— 著

李宜懃 —— 譯

布萊恩・葛瑟製作的電影與電視節目

電影

《美麗境界》（*A Beautiful Mind*）
《請問總統先生》（*Frost/Nixon*）
《街頭痞子》（*8 Mile*）
《達文西密碼》（*The Da Vinci Code*）
《門》（*The Doors*）
《精子也瘋狂》（*Made in America*）
《決戰終點線》（*Rush*）
《美國黑幫》（*American Gangster*）
《臥底》（*Inside Man*）
《勝利之光》（*Friday Night Lights*）
《鬼靈精》（*Dr. Seuss' How the Grinch Stole Christmas!*）
《阿波羅十三》（*Apollo 13*）
《碧海嬌娃》（*Blue Crush*）
《王牌大騙子》（*Liar Liar*）
《隨身變》（*The Nutty Professor*）
《溫馨家族》（*Parenthood*）
《美人魚》（*Splash*）

電視節目

《第八十四屆奧斯卡頒獎典禮》（*The 84th Academy Awards*）
《勝利之光》（*Friday Night Lights*）
《體育之夜》（*Sports Night*）
《發展受阻》（*Arrested Development*）
《二十四反恐任務》（*24*）
《溫馨家族》（*Parenthood*）

本書謹獻給我的外婆桑妮雅・施瓦茲（Sonia Schwartz），
從我孩提時代起，她就十分重視我提出的每個問題，
她教我要視自己為有好奇心的人，
這個禮物伴隨著我人生中的每一天。

目錄

前言　因為好奇，人生充滿驚奇

「我沒有特殊才能，只有強烈的好奇心。」

——艾伯特．愛因斯坦（Albert Einstein）1

在開始閱讀這本關於好奇心的書之前，不妨先提出下面這個簡單明瞭的問題：這本書的作者究竟是何方神聖？

我是電影和電視製作人，住在全世界娛樂圈人口最密集的核心地帶——好萊塢。無論你對好萊塢電影製作人的生活存有什麼想像，可能都是我的寫照。我們手邊經常同時製作十多部電影和電視節目，工作內容包括與演員、編劇、導演、歌手見面。我人還沒進辦公室，經紀人、製作人、攝影棚負責人、明星打來的電話就開始響起，往往一直到回家的路上都還在聯絡事情。我搭飛機視察電影場景、審核預告片、踏上紅地毯參加首映會。

我的生活忙碌緊湊、行程滿檔，雖然有時稍感挫折，可是整體而言樂趣十足，一點都不單調乏味。

但我不是記者，也不是教授或科學家，晚上回家研究心理學並非我的祕密嗜好。

我是好萊塢製作人。

為什麼我**要**寫這本關於好奇心的書呢？

沒有了好奇心，上述一切都不會發生。

我之所以能過著自己心目中的生活，最大的功臣就是好奇心，其重要性高於智商、堅持或人脈。

好奇心為我所做的每件事注入了能量和洞見。我熱愛演藝事業，喜歡講故事，但在愛上電影產業之前，我老早就喜歡當個愛發問的好奇寶寶。

對我來說，好奇心彷彿開啟了一切的可能性，簡直可說是我成功和快樂的關鍵。

好奇心為我的生活和工作創造如此高的價值，然而當我環顧四周，卻沒聽到有人談論和撰寫這個主題，也沒人鼓勵大家廣泛運用好奇心，以發揮其最大效用。

長久以來，好奇心一直是我人生中最珍貴的特質、最重要的資源、主要的動力。我認為在我們的文化、教育體制和職場裡，好奇心應該如「創意」和「創新」等概念一樣備受重視。

因此，我決定寫一本關於好奇心的書，它讓我的人生一路以來變得更美好（至今仍是如此），也會讓你的生活更上一層樓。

＊＊＊

大家稱我為電影製作人，連我也如此自稱，但我其實是個說故事的人。兩年前，我開始認真思考，想與其他人分享好奇心這項寶貴的資產和特質，藉此啟發他們。我真的想坐下來說幾個故事，讓大家看看好奇心如何影響了我這一生。

這些故事內容包括好奇心如何幫助我拍電影，而且教會我成為更好的老闆、朋友、商人和晚宴賓客。

我想告訴大家，只要敞開心房、發揮好奇心，就能發現孩提時代純真的喜悅，在那時，我們是出於好奇學習新東西。成年人仍可如法炮製，而且樂趣不減。

若要闡述好奇心的力量和種類，最有效的傳授方法就是把這些故事寫下來。

於是就有了你現在手上拿的書。我與記者兼作家查爾斯・費希曼（**Charles Fishman**）攜手合作，在過去十八個月內，我們每週交談二、三次，加起來至少一百多次，每次對話的主題都是好奇心。

我十分清楚好奇心在我的生命中扮演多麼重要的角色。你在接下來的章節中會看到，我從很久以前就知道，如何有系統地運用好奇心幫我說故事、製作好電影、了解好萊塢以外的世界。過去三十五年來，有件事我一直持續不間斷，就是與演藝圈外各行各業的人士坐下來交談——這些「好奇心對話」（curiosity conversations）內容五花八門，一路從粒子物理學（particle physics）到禮儀。

但我卻從沒有把我的好奇心放在好奇心本身上。所以我從兩年前開始思索，提出相關問題，想了解好奇心如何運作。

我們不斷探索、抽絲剝繭，以圖解剖析好奇心，在過程中發現一件有趣又驚人的事：好奇心像光譜一樣，在不同情況下，色調和強度會產生差異。

不論是對哪個主題感到好奇，技巧都維持不變——就是要提出問題，只是任務、動機和語調會因情況而異。比如說，想釐清一宗謀殺案的警察所抱持的好奇心程度，會與想為住家設計出合適平面圖的建築師不同。

結果我們顯然完成了一本稍微與眾不同的書，書中以我布萊恩·葛瑟（Brian Grazer）為第一人稱敘述，因為主要的故事是來自於我的生活和工作。

就某種程度而言，這本書是在描述我的人生，但事實上，更可以說是好奇心的最佳驗證。

好奇心帶我踏上了一生的旅程。在過去兩年中，提出這些關於好奇心本身的問題也讓我樂在其中。

關於好奇心我很清楚一件事：它並非少數人的專利，無論年紀、教育程度或所在地區，每個人都可以善加利用。值得一提的是，目前在地球上少數幾個國家裡，仍然必須謹慎使用好奇心，以免誤觸地雷，例如在俄羅斯好奇心會讓你小命不保；在中國則可能琅璫入獄。

縱使你的好奇心受到壓抑，卻不會喪失。

好奇心始終蓄勢待發，隨時等待解放。

本書的目的很簡單：告訴你好奇心有多麼珍貴，提醒你它能帶來多少樂趣，還有分享我的經驗與使用方法，讓你知道如何發揮最大效用。

生命不在於找答案，而是問問題。

1 無藥可解的好奇心

「無聊的解藥是好奇心，好奇心則無藥可解。」

——陶樂絲・派克（Dorothy Parker）[1]

那年暑假，我剛從南加州大學（University of Southern California）畢業，準備在秋天進入該校法學院就讀。我當時住在聖塔莫尼卡（Santa Monica），有個星期四下午，我坐在公寓裡，窗戶開著，思考如何在開學前這段時間找份差事來做。

突然間，窗外傳來兩個傢伙的對話。其中一個說：「天啊！我在華納兄弟公司（Warner Bros.）的工作超輕鬆，每天拿八小時的薪水，通常只要工作一小時。」

這傢伙引起了我的注意，我稍微把窗戶再開大一點，才不會錯過接下來的對話內容，同時輕輕拉上窗簾。

他接著說他是法務助理：「我今天剛辭職，我的老闆叫彼得．克內希特（Peter Knecht）。」

我驚訝不已，聽起來簡直太完美了。

我立刻拿起電話撥查號台，[2]詢問華納兄弟公司的電話代表號，我還記得是九五四—六○○○。[3]

我撥打這個號碼找克內希特，接電話的是他辦公室助理，我對她說：「我秋天要去南加州大學法學院上課，我想跟克內希特先生見面，討論剛空出來的法律助理職缺。」

克內希特接起電話說：「你明天下午三點能來這裡一趟嗎？」

我週五下午三點跟他碰面，他在三點十五分雇用我，從下週一開始在華納兄弟公司上班。

當時我尚不明白，但在一九七四年暑假的那一天，發生了兩件令人不可置信的事情。

首先，我的生命從此改變。我於週一報到，擔任法律助理，他們給了我一間沒有窗戶的小辦公室，如一個衣櫃般大小。就在那時，我找到終生的事業，從這間小辦公室踏入了演藝界，再也沒有做過其他行業。

此外，我也體認到就在那個週四下午，好奇心成了我的救星。從有記憶以來，我就是個好奇寶寶，小時候常常纏著媽媽和外婆問問題，有些他們回答得出來，有些則不能。

長大後，好奇心仍是我每天接觸世界的其中一種方式。從在公寓偷聽那兩個傢伙的對話開始，我的好奇心強度至今絲毫未減，嚴格說來，一直像個青春期的十二歲男孩，凡事充滿好奇。

我這種好奇心有時帶點天真、有時帶點淘氣。在我生命中所發生的美好事情，多半是好奇心的結果，不過好奇心偶爾會讓我惹上麻煩。

但即使如此，也是極為有趣的麻煩。

好奇心始終沒讓我失望過，我從不後悔自己提出的問題。相反地，好奇心為我敞開許多機會之門，讓我見識到特殊人物、製作了不起的電影、結交很棒的好朋友、擁有完全意想不到的冒險經驗，甚至墜入愛河——因為我不是那種害羞而不好意思問問題的人。

一九七四年，我在華納兄弟的第一份工作，正如那間辦公室的大小一般——狹窄又令人沮喪。工作內容很簡單：必須把合約和法律文件送交與華納兄弟公司合作的對象，就這樣而已。我會拿到一疊裝滿文件的信封，上面註明應送達的指定地址，然後就出門了。

我的職稱美其名是「法律助理」，但根本只是不折不扣的快遞人員。當時，我有一輛老舊的酒紅色寶馬二〇〇二（BMW 2002）雙門跑車，車身方正，採前傾設計，我開著它穿梭在好萊塢和比佛利山莊，交付大量重要文件。

我很快發現這份工作有個相當迷人之處：那些文件送達的對象，全都是好萊塢七〇年代的精英分子，包括編劇、導演、製作人、明星，有權勢又極富魅力。只有一個問題：這類大人物一定有助理或祕書、警衛或管家。

如果我打算繼續做這份工作，可不希望錯過唯一有趣的部分。我不想跟管家打交道，而是要見到重要人物，我對他們好奇不已。

所以我想出一句簡單有力的開場白，一碰到祕書、警衛等中間人，我會告訴對方，文件必須直接交給本人才算「生效」。

我去國際創新管理公司（ＩＣＭ，知名的經紀公司），拿合約給七〇年代金牌經紀人蘇．曼潔斯（Sue Mengers），[4]她的客戶包括芭芭拉史翠珊（Barbra Streisand）、萊恩歐尼爾（Ryan O'Neal）、甘蒂絲柏根（Candice Bergen）、雪兒（Cher）、畢雷諾斯（Burt Reynolds）、艾莉麥克勞（Ali MacGraw）。我怎麼見到曼潔斯呢？我告訴國際創新管理公司的櫃台人員：「曼潔斯小姐收到這份文件唯一的方法，是由我親自交給她本人。」她二話不說就讓我進去了。

如果收件者不在，我乾脆離開下次再來。那個無意間透露職缺訊息給我的傢伙所言不假，我一整天的工作量很少，根本不需要操心。

我因此見到了盧．沃瑟曼（Lew Wasserman），這位美希亞環球（MCA Studios）〔譯注：美希亞音樂集團（Music Corporation of America）於一九六二年和環球公司合併為美希亞環球，於一九九六年更名為環球影片公司（Universal Pictures）〕的老闆是個厲害人物，也見到了他的合作夥伴朱爾斯·史坦（Jules Stein）。

我也見到了《大法師》（*The Exorcist*）的原創者威廉·彼得·布萊提（William Peter Blatty），以及因為這部電影拿下奧斯卡最佳導演獎的威廉·弗萊德金（William Friedkin）。

我把合約拿到比佛利山威爾希爾飯店（Beverly Wilshire Hotel）給華倫比提（Warren Beatty）。

我當時只有二十三歲，但是充滿好奇心，很快就發現我不僅能見到這些人，還可以坐下來與他們交談。

我會很謙恭有禮，交付文件給當事人，由於那是七〇年代，對方通常都會說：「進來喝點東西！喝杯咖啡吧！」

我會把握這些時間來了解他們，有時候還會得到一點職業生涯上的建議。我從不曾藉機要求對方給我工作，基本上我從沒提出任何要求。

我很快發現電影業比法學院有趣多了，所以學業先暫緩——後來再也沒去念了，要是走上法律這一行，我可能會是個糟糕的律師。法務助理的工作我總共做了一年，直到隔年夏天為止。

奇怪的是：在那段期間，從沒有人質疑我的說詞。沒有人說：「嘿，小子，把合約放在桌上你就可以離開了，沒必要見到華倫比提。」

我見到了每份文件的收件者。

好奇心讓我得到這份工作，也將這份工作變得更美好。

這些拿到合約的男男女女改變了我的人生，我從他們身上看到一種整體的說故事風格，那是我原本不熟悉的。於是我開始思考，或許我本質上就是個說故事的人。他們為我奠下了良好的基礎，讓我後來能製作出《美人魚》（*Splash*）、《阿波羅十三》（*Apollo 13*）、《美國黑幫》（*American Gangster*）、《勝利之光》（*Friday Night Lights*）、《美麗境界》（*A Beautiful Mind*）等電影。

我擔任法務助理的那年，還發生了一件同樣重要的事，我就是從那年開始，積極重視好奇心真正的力量。

如果你出生於五、六〇年代，好奇心不見得被視為優點。在艾森豪總統時代（Eisenhower era），教室裡講求秩序及服從至上，好奇心反而像是一種干擾。我當然從小就知道自己很好奇，不過這個特質有點像是戴眼鏡，別人會注意到這件事，但在一些情況下無形中成了我的包袱，例如運動比賽挑選隊員時飽受冷落、不易受到女孩子青睞等。

一直到了在華納兄弟公司的第一年，我終於了解好奇心不只是我的一項人格特質，也是祕密武器，有助於被選入團隊（而且還有利於成為團隊領導人），甚至能藉此擄獲女生的芳心。

* * *

好奇心看起來似乎很單純，甚至很無辜。

拉布拉多犬有著迷人的好奇心；江豚（porpoise，譯注：屬於鼠海豚科，體型較海豚小但粗壯，沒有背鰭）的好奇心帶點嬉鬧和調皮。一個兩歲小孩在翻看廚房櫥櫃裡的東西時充滿好奇，她會因把玩這些物品產生的鏗鏘聲響，所帶來的娛樂價值而欣喜不已。上Google網站的人就是因為對**某件事**感到好奇，才會在搜尋框裡輸入文字，按下輸入鍵——平均每分鐘有四百萬人次上Google搜尋，每天的每一分鐘都是如此。[5]

但我們往往忽略潛藏在好奇心背後的一股力量。

正是由於好奇心勾起的火花，促使人們在酒吧、派對、經濟學課的階梯教室裡開始搭訕，而且最後得靠好奇心維繫那段戀情，以及所有最棒的人際互動，例如婚姻、友誼、親子關係。我們基於好奇心問一些簡單的問題，像是「你今天過得好嗎？」或「你覺得如何？」聆聽對方的答案後，再繼續問下一個問題。

好奇心有時似乎會用在既迫切卻微不足道的小事上，像在《朱門恩怨》（*Dallas*）裡，到底是誰暗殺了反派主角小傑（J. R. Ewing）？《絕命毒師》（*Breaking Bad*）的結局為何？美國史上威力球樂透彩（Powerball）的最高獎金是多少？這些問題給人一股渴望知道答案的衝動，要等疑惑解決後才會善罷干休。一旦好奇心得到滿足，彷彿如釋重負。《朱門恩怨》即為一絕佳例子：**究竟是**誰暗殺了小傑？經歷過八〇年代的人多半聽過這個問題，但也許不記得答案。[6]

在很多情況下，想要迫切得知答案確實是合情合理，而最初的好奇心得到滿足後，往往會想進一步深入究竟，例如起初只是嘗試為人類基因解碼，後來演變成兩組科學家之間激烈的競賽，等結果出爐後，又引發科學界和醫學界的好奇心，開啟了上千條嶄新的研究路徑。

好奇心可為許多日常生活經驗帶來關鍵影響。以購買新電視為例，最終你帶回家的是哪一台，以及你喜歡這台電視的程度，多半取決於銷售人員的好奇心：好奇心足以讓他深入了解各品牌電視的差別；好奇心足以讓他得知你的需求和使用習慣，以找出最適合你的電視。

這個例子正足以說明經過偽裝而潛藏在背後的好奇心。

在上述情況下，我們會將銷售人員歸類為「優秀」或「差勁」。差勁的銷售人員可能會積極推銷我們不想買或不懂的產品，或是乾脆只介紹目前在特價的電視，語氣冷淡、機械式地唸出每台電視機旁的產品功能說明。然而，關鍵因素就在於好奇心——不管是對顧客還是對產品。

由此可知，好奇心藏身之處幾乎無所不在——在各式各樣令人驚訝的地方，能否善用好奇心正是其中的關鍵要素。順利解開人類基因遺傳的奧祕，訣竅就在於好奇心；若要提供適切的客戶服務，好奇心更是不可或缺。

如果因為工作而必須出席無聊的應酬，好奇心可以幫你打發時間。

如果對工作感到厭倦，好奇心可以為你伸出援手。

如果感覺少了創意或動力，好奇心可說是一帖良藥。

好奇心能幫助你以建設性的方式，處理憤怒或沮喪的情緒。

好奇心能給你勇氣。

好奇心可以為生活添加熱情，甚至還可以讓你更上一層樓，感到更安全、更有自信、更幸福。

但光憑好奇心當然不夠。

雖然拉布拉多犬真的很好奇，但光是好奇無法讓一隻黑色拉布拉多犬解開基因密碼，或在電子產品賣場百思買（**Best Buy**）找到工作。牠們的好奇心只有三分鐘熱度，很快就興趣缺缺。

好奇心若要有效，至少必須搭配另外兩項關鍵特質。首先，要有能力把焦點放在問題的答案上——對於你感到好奇的事物，必須全盤吸收相關資訊。我們都認識一些提出好問題的人，他們在說話和提出這些問題時，似乎非常投入、精力充沛，可是等你回答時他們就心不在焉。

第二個特質是願意採取行動。好奇心的確激發了我們飛向月球的靈感，但光靠如此尚不足以驅使為數眾多的人，投入巨額的資金，下定決心克服一路上的失敗和災難，使夢想具體落實。好奇心可以激發出最初的願景，例如登陸月球任務或拍攝一部相關電影，在月球上插上旗子會讓人士氣大振，有助於強化原先的靈感——你看，那就是我們要去的地方！但在某個時刻，前往月球的途中或電影拍攝過程變得困難重重，阻礙與挫折如排山倒海而來，此時你需要決心。

我希望藉由本書達到三個目的：第一、我想喚起你重視好奇心的價值和力量；第二、我想分享自己運用好奇心的方式，希望這些經驗能激勵你嘗試在日常生活中身體力行；第三、我想拋磚引玉提醒所有的人，為何如此重要的特質在今日仍不受重視，沒有得到適當的教導和啟發。

好奇心這項特質具有著強大的潛在力量，但其本身看起來卻不複雜。心理學家將好奇心定義為「想要知道」，就這樣而已，這個定義符合我們一般人普遍的想法。「想要知道」，顧名思義就是要搜尋資訊，好奇心起始於內心的一股衝動，表現於外的是較為積極、渴望探索的面向：提出問題。

喜歡問問題似乎是人的本能，如同飢餓或口渴一般。孩子會問一連串看似無辜天真的問題：天空為什麼是藍色的？藍色有多高？藍色晚上跑到哪裡去了？通常孩子得到的可能都不是答案（大人多半無法解釋為什麼天空是藍色的，我也不例外），而是略帶輕蔑半哄半騙的回應：「怎麼啦！**你**這個好奇的小女孩……。」[7]

對某些大人而言，這類問題極具挑戰性，尤其不知道答案時更是如此，因此不但不回答，乾脆擺起架子不予理會。好奇心會讓成年人有點招架不住或不耐煩——那些不知道天空為什麼是藍色的父母，或是為了趕進度而不想被打斷的老師，一定都能感同身受。

提問的小女孩不僅沒有得到答案，更深刻體認到問問題（無論是無傷大雅或耐人尋味的問題）

往往被視為魯莽無禮。

這種情況司空見慣。

在今天，沒有人直接詆毀好奇心。但如果你特別留意，會發現好奇心沒有真的得到讚許和啟發，也不受到保護和鼓勵，好奇心不只造成不便，更可能帶來危險，好奇心不僅魯莽無禮，更是叛亂的來源，具有革命意味。

能自由自在詢問為什麼天空是藍色的孩子，長大後會提出更具殺傷力的問題：為什麼我是農奴而你是國王？太陽真的是繞著地球轉嗎？為什麼膚色較深的人是奴隸，而膚色較淺的是主人呢？

好奇心有多可怕？

只要翻開聖經就知道了。聖經裡，上帝創造萬物後的第一個故事，這第一個提到人的故事就是關於好奇心。亞當、夏娃、蛇和樹的故事，說明了好奇心沒有好下場。

上帝明確吩咐亞當：「園中各樣樹上的果子，你可以隨意吃；只是分別善惡樹上的果子，你不可吃，因為你吃的日子必定死。」[8]

是蛇提議挑戰上帝的指示，他拋出一個問題給夏娃：「神豈是真說，不許你們吃園中所有樹上的果子嗎？」夏娃回答說：「是的，園中樹上的果子我們可以吃，唯有園當中那棵樹上的果子——我們不可吃，甚至也不可摸，否則我們會死。」

夏娃非常清楚神的規定，她加油添醋補上一句：甚至也不可**摸**樹。

蛇的回答在史上肯定是最膽大妄為，毫不畏懼分別善惡的知識，也不畏懼神，他對夏娃說：「你們不一定會死，因為神知道，你們吃的日子眼睛就明亮了，你們便如神能知道善惡。」[9]

蛇直接勾起了夏娃的好奇心，說：「你甚至不知道自己不知道些什麼，咬了一口禁果後，你會以全然不同的方式看世界。」

夏娃走到樹前，「見那棵樹的果子好作食物，也悅人的眼目，且是可喜愛的，能使人有智慧。」[10]她摘果子吃了一口，交給丈夫亞當，他也吃了一口。「他們二人的眼睛就明亮了。」[11]獲取知識從未如此輕易，付出的代價之高也實在罕見。說上帝發怒了只是含蓄的說法，亞當和夏娃因為能分別善惡後，接受的處罰是無盡的痛苦，而且延續到我們現在所有人身上：夏娃得承受分娩的疼痛，亞當則必須終生勞苦耕種才能餬口，他們當然還被趕出了伊甸園。

這個聖經故事的寓意顯而易見：好奇心導致痛苦。事實上，更直接了當告訴讀者：不管你目前身受何種折磨，罪魁禍首就是亞當、夏娃、蛇和他們叛逆的好奇心。

所以你看到了，在這部為西方文明奠下基礎的作品裡，第一個故事就是關於好奇心（第一個故事！），而且傳達的訊息是：不要問問題，不要自己尋求知識，把知識留給有權負責的人，知識只會招致不幸。

芭芭拉・班迪特（Barbara Benedict）任教於三一學院（Trinity College），該校位於康乃狄克州的哈特福德（Hartford），她專門研究十八世紀，由於當時科學研究取代了宗教，形成我們今日看待世界的方式，這位學者花了多年時間，想了解那段時期人們對好奇心抱持的態度。

她認為亞當和夏娃的故事帶有警告成分。她說：「『你是農奴，因為上帝說你應該是農奴，我是國王，因為上帝說我應該要當國王，關於這一點沒什麼好問的。』像亞當和夏娃這類的故事，反映出這些文化和文明需要維持現狀，『現況之所以如此，是因為這是最佳狀況。』這種態度普遍存在於統治者和那些掌控資訊的人身上。」從伊甸園一直到歐巴馬（Obama）政府。

好奇心仍然沒有受到尊重。我們現今所處的時代是，只要你願意瞇著眼睛，就可以從智慧型手機讀取所有的人類知識，但對好奇心的偏見還是深植於文化當中。

教室應該是能讓問題開花結果的地方，教導學生學習如何問問題和找答案。有些課程確實能做到如此，但實際上在很多校園內，看待好奇心的方式常常與伊甸園沒有兩樣。尤其是近來各種標準化考試蓬勃發展，課程內容規劃緊湊，學生問問題會影響當天進度，有時候甚至老師也不知道答案。在一般的七年級教室裡，真正的好奇心無法受到鼓勵，這恰好與我們的期望截然相反——因為它造成不便，破壞了井然有序的課程安排。

在多數成年人度過下半輩子的辦公室和工作場所裡，這種情況也好不到哪裡去。軟體設計師、醫藥研發人員或大學教授等職業裡，好奇心當然大受歡迎，因為這是他們主要的職責所在。但要是一般的醫院護士或銀行行員，出於好奇而開始詢問事情的做法為何如此，會導致什麼結果呢？除了像Google、IBM以及康寧（Corning）等特別不同凡響的公司之外，在其他地方，如果因為好奇而提問，就算不到以下犯上的程度，也非常不受歡迎。不論你是十四歲還是四十五歲，良好的表現都不包括好奇在內。

「curious」（好奇）這個詞本身的用法也很耐人尋味，用來形容人時，我們假設具有好奇心應當是好事，但用來形容物品時，意思是指「好奇怪」，這東西有點稀奇古怪，不符合常態。而如果有人在回答問題時歪著頭說：「這個問題好奇怪。」她指的當然是這個問題不該問。

好消息是，好奇心不只是個偉大的工具，有助於改善生活，讓人更快樂，還能得到絕佳的工作或配偶，若想擁有現今世界最重視的特質：獨立、自主、自我管理、自我提升，則好奇心更是關鍵要素，為我們鋪好一條通往自由的康莊大道。

所謂有能力提出任何問題，可表現在兩件事上面：有探索答案的自由，以及挑戰權威的能力，像是問：「為什麼是由你來負責？」

好奇心本身就是權力的一種形式，也是勇氣的一種形式。

＊　＊　＊

我從小就是個胖嘟嘟的男孩，青少年時體型依然沒變。大學畢業時，肚子上有游泳圈，每到沙灘總成為大家嘲弄的對象，不論有沒有穿襯衫，看起來就是鬆垮垮的。

我決定擺脫這種外型。在二十二歲時，調整飲食，規律運動，真的非常自律。每天跳繩三十分鐘，一分鐘兩百下，一天總共跳六千下，一週七天都如此，連續十二年不間斷。我的體型逐漸改變，游泳圈慢慢不見了。

我原本的出發點並不是打算讓自己變得很壯，我現在看起來不像電影明星，但也不像你心目中電影製作人的模樣。我自有一套另類的風格，穿球鞋上班，抹髮膠讓頭髮直立，臉上掛著燦爛的笑容。

直到今天，我仍然維持每週運動四、五次的習慣，早上起床後的第一件事往往就是運動，我通常會在六點以前起床，時間較為充裕（我不再跳繩，因為後來兩邊腳踝後方的肌腱都受損了）。我目前六十三歲，在過去四十年裡，從沒有再回到鬆垮垮的體型。

我下定決心，養成習慣，讓運動成為我日常生活的一部分。

對於好奇心我也如法炮製。

從在華納兄弟擔任法務助理的第一份工作開始，我刻意慢慢地讓好奇心成為例行公事的一部分。

我已經解釋過第一個步驟：堅持要見到每個合約的收件者。我之所以能做到，得歸功於兩點：首先，人們樂於與人交談，特別是談論自己以及工作內容，即使是握有權勢的名人也不例外；其次，找個小藉口有助於與他們直接交談。

比如說，「我必須親自把這些文件交給本人。」這句話就是個藉口，對我來說很管用，那些助理、甚至是我去拜訪的人都接受這套說詞，他們會想：「喔！他需要見到我本人，沒問題。」

我在華納兄弟開始工作幾個月後，公司有位資深副總裁被解雇，我還記得親眼目睹他們把他的名牌從辦公室門上拿下來。

他的辦公室很寬敞、有窗戶，裡面有兩位祕書，最重要的是，緊鄰高階主管辦公室（就是我所謂的「皇室」辦公室），也就是華納兄弟的總裁、董事長、副董事長上班的地方。

我問我的主管克內希特，既然那間副總裁的辦公室空著，我能否使用。

他說：「當然可以，我來安排。」

這間新辦公室頓時改變了一切，就像在特定場合穿著適當的服裝一樣，譬如說，穿上西裝自然會覺得更有自信、更成熟。在真正的辦公室工作確實讓我大開眼界，突然覺得擁有了自己的地盤、專屬的特權。

六〇年代後期和七〇年代，正是加入好萊塢演藝界的最佳時機，在「皇室辦公室」裡的是當時最重要且最有創意的人物——華納兄弟的總裁弗蘭克・韋爾斯（Frank Wells），他後來入主迪士尼（Disney）；泰德・艾希禮（Ted Ashley）這個名字並非家喻戶曉，但他卻是華納兄弟的董事長，確實為公司注入了一股能量，讓公司更成功；約翰・凱利（John Calley）擔任華納兄弟副董事長，這位帶著傳奇色彩的製作人是好萊塢的智多星，饒富創意，無疑是個與眾不同的人物。

我只是個法務助理，但有一間辦公室和自己的祕書，桌上甚至有個老式的音箱喇叭對講機，在我門外工作的是好萊塢三位最有權勢的人。我為自己創造的情境是：恰巧在最正確的時間出現在最正確的地方。

娛樂圈讓我眼花撩亂，對許多圈內人來說似乎也是如此，很難理解電影和電視節目如何製作，絕對不是按部就班的線性過程，大家彷彿在一片大霧中摸索前進，沒有指引方向的工具。

但我卻深受吸引，像是一個人類學家進入了嶄新的世界，使用新語言、遵循新儀式、以新標準衡量事情的優先順序。我完全沉浸在這個環境中，而且勾起了我的好奇心，下定決心要深入研究了解，並成為其中的佼佼者。

讓我真正一窺娛樂圈整體風貌的人是凱利，他也讓我知道其他不同的可能性。凱利不僅是

六、七〇年代電影業的靈魂人物，更是背後重要的創意推手。在他的領導下，華納兄弟蓬勃發展，製作了許多電影，包括《大法師》、《發條橘子》（*A Clockwork Orange*）、《激流四勇士》（*Deliverance*）、《熱天午後》（*Dog Day Afternoon*）、《驚天大陰謀》（*All the President's Men*）、《火燒摩天樓》（*The Towering Inferno*）、《緊急追捕令》（*Dirty Harry*）、《閃亮的馬鞍》（*Blazing Saddles*）。[12]

我辦公地點緊鄰凱利辦公室的那段期間，他大約四十四、五歲，擁有至高無上的權力，早已是傳奇人物——聰明、古怪、善用權謀。當時華納兄弟每個月製作一部電影，[13]而凱利總是可以預先想到一百個步驟。少數人愛戴他，一些人崇拜他，但大部分的人都畏懼他。

我想是因為我的單純和天真，讓他覺得很特別。我這個初出茅廬的年輕小伙子，毫無心機，很多事情根本狀況外。

凱利會說：「葛瑟，來我的辦公室坐坐。」他叫我坐在沙發上，我看著他工作。

這整件事情給了我不同的啟發。我的父親是律師，自己開業，非常努力才獲致成功。我本來打算克紹箕裘，去念法學院——如此一來，我的人生將伴隨著無數的資料夾、堆積如山的訴訟文件、一疊疊厚重的判決書，常常得埋首於鋪著人造皮革的辦公桌。

凱利的大辦公室美輪美奐，極為典雅，佈置得像客廳，沒有辦公桌，有兩張沙發，他整天都坐在沙發上工作。

他不需要動手寫字或打字，也不必每天從辦公室帶一整疊的文件回家加班，他的工作是動口，只要整天在這個典雅的客廳裡，坐在沙發上跟人講話就好。[14]事實上，他的談話內容最後會整理成法律文字，也就是我遞送的合約。從坐在沙發上的凱利看來，若要在演藝界談成生意，顯然就是與人交談。

我從觀察凱利的工作方式意識到一件事：有創意的想法不必遵循一條敘事般的直線。你可以追求自己的興趣、熱情，可以跟隨個人經驗或腦子裡任何稀奇古怪的想法，在好萊塢這個世界裡，好點子就有價值——沒有人在乎一個點子的靈感是來自於昨天的某個想法，還是十分鐘前的對話，只要是有趣的點子，根本沒有人在乎它從哪裡來。

於是我頓悟到，這就是我大腦運作的方式，充斥著許多想法，只是不像元素週期表排列得如此井然有序。

多年來，我在學校裡一直很吃力，我不擅長安安靜靜坐在椅子上，把自己擠在小桌子前面，聽鐘聲按表操課，乖乖寫作業。不是對就是錯的二元對立學習法，並不適合我的大腦，絲毫不吸引我。我感覺源源不絕的點子從大腦各個角落冒出來，從孩提時期就一直如此。

我到了大學表現很好，但只是因為那時已經找到一些竅門，以便在這種環境下成功。不過人數眾多的課程和無趣的作業，仍激不起我學習的欲望，我沒有學到太多東西。我之所以準備去念法學院，是因為已經申請到了，而且我其實不太確定自己能做些什麼，畢竟我對律師這一行至少還有點概念——但老實說，就算通過了律師考試，那種生活對我而言簡直是無期徒刑，要寫更多回家作業。

從另一方面來看，凱利可說是世界上數一數二的聰明人物，他認識電影明星，與他們打交道；他學富五車，總是在閱讀。他不需要拘泥於僵化死板的規則，只要整天坐在辦公室沙發上，就能想出好點子和做決定。

光是看著他就讓我如痴如醉，心想：「我要活在這個人的世界，誰需要一輩子與咖啡色折疊資料夾為伍？我想坐在沙發上工作，跟隨著我的好奇心製作電影。」[15]

我坐在他的辦公室裡，很清楚了解電影業的根基就是點子——每天都有吸引人的新點子源源不絕而來。我突然體悟到，好奇心正是發掘和激發新點子的好方法。

我知道自己很好奇，就像你可能知道自己很有趣或害羞。好奇心是我的一項人格特質，但直到那一年，我才把好奇心和這個世界所謂的成功串在一起，而在學校時，我從來沒把好奇心與獲得好成績劃上等號。

但我在華納兄弟發現了好奇心的價值，於是開始採取有系統的方式，踏上了好奇心之旅。

我和凱利從沒聊過好奇心。但我得到一間大辦公室，再加上近距離看他工作，給了我另一個點子——讓原本與合約收件者間的對話模式更上一層樓。我意識到，不見得要把談話對象侷限於那天與華納兄弟做生意的人，在這個行業裡，我想見誰就可以見誰，如果有人激起了我的好奇心，只要打通電話到對方的辦公室約時間見面就好。

我想出一套簡單的說詞，告訴接電話的祕書或助理：「你好，我叫布萊恩．葛瑟，服務於華納兄弟事業部門。與電影業務無關，我不是要應徵工作，但我希望能見到某某先生，跟他聊五分鐘……。」我每次都會提供一個具體的理由，說明為什麼想跟對方談話。

我傳達的訊息很明確：我有份正當的工作，只要安排五分鐘的時間，我**不**需要對方提供工作機會，而且我的態度很客氣。

這套說詞彷彿有股魔力，就像我堅持把法律文件交給本人的那番話一樣管用。

於是我跟哥倫比亞電影公司（Columbia Pictures）的製作人大衛．畢克（David Picker）交談。接著又想，也許我能見到製作人法蘭克．亞伯蘭茲（Frank Yablans），結果也如願以償。

一旦見到了亞伯蘭茲後，我想：「也許我能見到美希亞環球的總裁沃瑟曼。」而我也做到了。

我一路沿用這種模式，與電影界的其中一人交談後，又讓我想到另外六個以上的訪談人士名單。每次的成功都給了我充分的信心再繼續嘗試，結果發現，原來我真的幾乎可以跟這一行裡的每個人談話。

從那時起，我的生活和職業生涯開始改變，這改變至今仍持續著，最終激發我出版這本書的靈感。

我開始了我所謂的好奇心對話，最初只侷限在這個行業裡，有很長一段時間，我為自己定下一條規則：我每天都要認識一個娛樂圈裡的人。[16]但很快就意識到，只要我感到好奇，就可以跟各行各業的任何人接洽交談，不只是娛樂圈的人樂意談論自己和自己的工作——每個人都是如此。

過去三十五年來，我一直持續追蹤讓我感到好奇的人，詢問對方是否能坐下來和我聊一小時。有時候在一整年內，這種好奇心對話不多，頂多十來次，但有時候頻率很高，幾乎每週一次，我的目標是至少半個月一次。一旦開始把好奇心對話當成一種習慣，我為自己定下的唯一規則是：談話對象必須來自於電影和電視以外的世界。

我的想法是不要再花更多時間在每天共事的這類人身上，因為我很快就發現，娛樂業的圈子相當與世隔絕，我們往往只跟自己人交談，很容易把電影、電視認為是真實世界的縮小版，這種觀點不僅偏差，而且只能製作出平凡乏味的電影。

我非常認真看待好奇心對話，為了與特定人士見面，常常會花一年以上的時間打電話、寫信、循循善誘對方，並且和助理交朋友。隨著我的事業蒸蒸日上，變得較為忙碌，我會指派一名員工協助安排，《紐約客》（*New Yorker*）雜誌曾特別刊登一小篇文章描述這項職務工作，就是後來所謂的「文化專員」（cultural attaché）。有一段時間，我請一個人專門負責安排好奇心對話相關事宜。[17]

重點在於追隨我的好奇心，儘可能將觸角向外延伸，愈廣愈好。我曾與兩位中情局（CIA）局長坐下來聊天，還有天文學家卡爾．薩根（Carl Sagan）和科幻小說作家以撒．艾西莫夫（Isaac Asimov）。此外，也見到發明了史上最強大武器的人和世界上最富有的人，其中有些人讓我心驚膽跳，有些人其實我真的不太想見。

我之所以見這些人，從來都不是以電影為出發點（雖然近幾年有些與我見面的人，顯然覺得我也許會以他們或他們的工作為主題而製作一部電影），我的目的只是要學東西。

結果總是出乎意料之外。好奇心對話以最超乎預期的方式，進入了我的生活和製作的電影，再也密不可分。我與太空人吉姆．洛威爾（Jim Lovell）的談話，確實讓我開始描述《阿波羅十三》的故事，但是在電影中，我們要如何傳達被困在受損太空船裡的太空人所承受的心理壓力呢？這部分我是從智利的激進派分子維羅妮卡．納格莉（Veronica de Negri）身上學到的，她被自己的政府折磨了好幾個月，讓我知道被迫完全依靠自己生存的感覺。能製作出《阿波羅十三》這部電影，納格莉和洛威爾一樣功不可沒。

一段時間後，我發現自己的好奇心會用在某個特定的面向，最讓我好奇不已的是我所謂的「情感層面好奇心」（emotional curiosity）：我想了解人們的動機，想看看一個人的態度和個性，是否會影響他的工作、挑戰和成就。

我見到了科學家及醫學家喬納・沙克（Jonas Salk）博士，他發現可以治癒小兒痲痺的沙克疫苗，是我小時候崇拜的英雄，我花了一年多時間才與他碰面。在我成長過程中，無數人活在恐懼童年時期罹患殘疾的陰影之下，我對於沙克用哪種科學方法找出疫苗不感興趣，只想知道能幫助這麼多人是什麼感覺。他工作的時空背景與現在不同，雖然極富盛名、備受愛戴，但沒有因此財源廣進，他治癒了當時全世界最棘手的疾病，卻沒有從中拿一毛錢，你能想像這種事會在今天發生嗎？他能如此不藏私，與世人分享研究成果，我很好奇背後的思維模式。

我與氫彈之父愛德華・泰勒（Edward Teller）見面時，他年事已高，正在為雷根（Reagan）總統發展「星戰」計畫（"Star Wars" program）。我也花了一整年的時間，終於說服他跟我交談一小時。我想了解一個人要有多高的智力，才能創造出像氫彈這樣的東西，以及他的道德觀為何。

我見到了全球首富墨西哥電信大亨卡洛斯・史林（Carlos Slim），[18]全世界最有錢的人每天怎麼過生活呢？我想知道要如何才能成為那種企業家，如何能有無比的動力和毅力在商場上大獲全勝。

老實說，我與沙克、泰勒或史林等大人物見面時，希望能從他們身上得到一種見解和啟發，釐清他們是什麼樣的人。當然，通常不容易在一小時內掌握到這些陌生人的所有資訊。

沙克親切友善；泰勒性情乖戾；史林則跟我原先預期的完全不像，絲毫不刻薄市儈，也不冷酷無情，讓人感覺很溫暖，典型的拉丁美洲人。午餐時，他點了許多道菜，也喝點酒，那天下午他似乎沒有其他行程，我們的午餐持續了三小時。

至今我已有成千上百次的好奇心對話經驗，這是我非常期待的事，而且在事後也最享受。對我來說，能從在我面前的人身上學習，簡直比性愛還更美妙，比功成名就更讓我陶醉。

我是在二十三歲時，第一次真正與娛樂圈以外的人展開好奇心對話。我原本在華納兄弟法務助理的工作被解雇了（十五個月後，他們認為我的樂趣太多，遞送的文件太少），於是我開始替製作人艾德加．薛利克〔Edgar Scherick，作品有《亡命快劫》（*The Taking of Pelham One Two Three*）、《超完美嬌妻》（*The Stepford Wives*）〕工作，我也想成為製作人。

我去見李．貝利（F. Lee Bailey），他是美國當時相當知名的刑事案件律師，曾擔任山姆．雪柏（Sam Sheppard）和派蒂．赫斯特（Patty Hearst）的辯護律師。

我有個電視影集的點子，我把它取名為《貝利的美國刑案判決大揭密》（*F. Lee Bailey's Casebook of American Crimes*），有點像迪士尼頻道當年每週播出的節目型態，只不過我的是司法版，找這位專家來解說重大案件。

我真的很想跟貝利聊聊，他幫許多客戶打贏重大官司，他是怎麼挑客戶的？有沒有一個道德指南針作為判斷指標呢？他在法庭上如何辯護？是依據事實嗎？法律觀點嗎？還是這個案件的道德標準呢？

我想了解律師的信念系統與其專長領域之間的區別為何。貝利人生的目的是什麼？他如何結合人生目的與自己的天賦？

我找到他時，他正在新墨西哥州的拉斯克魯塞斯（Las Cruces）準備出庭打官司。不知怎的，他答應與我見面，所以我立刻搭飛機到那裡。

感覺有點瘋狂，他住在這個小鎮上的汽車旅館裡，旅館帶有西部牛仔風味，有點老舊，裡面有個腎形游泳池。我完全不知道接下來會發生什麼事，敲門後，他讓我進去，房裡只有他一個人，沒有助理，他說他在準備辯護內容，請我先在裡面等一下。

那天非常炎熱，我坐在他房間的沙發上，看起來他就在我面前準備辯護內容。過了一會兒，他請我到對面的小酒店幫他買一瓶約翰走路黑牌威士忌（Johnny Walker Black）。

他喝了一杯酒，在房間裡來回踱步，對自己的論點愈來愈有信心，聽起來真的很高明。他的資訊充足，雖然我聽不太懂，但他把我當成練習對象。

就在那家汽車旅館的房間裡，我看得出這個人很厲害，極有魅力。

在搭飛機回家的路上，我心想他是主持電視節目的不二人選。那個還沒有真人實境節目，也沒有南西・葛瑞絲（Nancy Grace）和格萊塔・范・蘇斯泰瑞（Greta Van Susteren）等主持人的年代，我們想要製作迷你電視影集。後來跟貝利談好了條件，也聘請一位編劇，但最終並沒有拍攝。

然而，在那個新墨西哥州小鎮悶熱的汽車旅館房間裡，我坐在沙發上聽貝利準備出庭辯護的內容，意識到一件事，儘管當初念法學院的崇高目的依然深植在他心中，但現實的一些情況與理想相距甚遠。

讓我因此從嶄新的角度看待律師和他們的工作。

我從沒有以貝利為主題拍一部相關的電影，雖然他多采多姿的生活絕對能提供豐富的素材。一直到二十年後，我才拍了與律師相關的電影，由金凱瑞（Jim Carrey）主演的《王牌大騙子》（*Liar Liar*），敘述一位律師在二十四小時內被迫只能說真話。

對我來說，好奇心對話是展現我自己好奇心最顯而易見的例子，就像運動習慣一樣，必須有紀律地執行，因為除非你持續努力說服那些特殊的大忙人，否則無法與他們見面談話。

但好奇心對話與運動還是有一點不同：我討厭運動本身，只喜歡運動後的成果。不過我很享受好奇心對話的過程，也很期待對話帶來的成果，不管是在一個月或十年後才看得到，但基本上都是額外的獎賞。

事實上，我所做的事當然就是說話，我以說話為生，而且努力讓自己以傾聽為生。我的生活就如四十年前從凱利身上看到的那樣，擔任電影電視製作人意味著整天與人見面交談和講電話，對我來說，每次與人談話也都是一次好奇心對話。我不只運用好奇心來見到名人或找到好劇本，也用好奇心確保電影製作過程順利——符合預算、準時完工、儘量呈現出最佳的說故事效果。我發現甚至在管理時，提出問題往往比發號施令還有效。

* * *

我第一份正式的電影製作工作是在派拉蒙電影公司（**Paramount Studios**），辦公室位於製片廠外景區的導演大樓裡。我當時二十八歲，製作了一些頗受好評的電視影集（包括一部以十誡為主題的迷你影集，總共二十小時，我負責前幾集），派拉蒙與我達成協議，希望我製作電影。

我的辦公室在三樓的角落，可以看到通往停車場的人行道。我會打開窗戶（是的，在七、八〇年代，辦公室的窗戶仍然會打開），看著這些位高權重、極富盛名、風采迷人的大人物走過。

我很好奇在停車場的是哪些人，他們又與誰合作。那個時期，我要求自己每天認識一個演藝圈裡的人，我喜歡從窗戶對著下面經過的人大叫，包括《北非諜影》（*Casablanca*）的編劇之一霍華・科奇（**Howard Koch**）、後來擔任迪士尼執行長的邁克・艾斯納（**Michael Eisner**），以及艾斯納的老闆巴里·迪勒（Barry Diller），他是派拉蒙當時的執行長。

有一天，美國國家廣播電視台（NBC）的總裁布蘭登·塔奇科夫（Brandon Tartikoff）經過，他正準備藉由《山街藍調》（*Hill Street Blues*）、《歡樂酒店》（*Cheers*）和《邁阿密風雲》（*Miami Vice*）等影集，讓公司重振旗鼓。他才三十二歲就已經是演藝圈響噹噹的人物。

「嗨！塔哥！看上面！」我大叫。

他抬頭看到我，笑說：「哇，你一定是負責管理上面的世界。」

幾分鐘後電話響了，打來的是我老闆蓋瑞·納迪諾（Gary Nardino），他是派拉蒙電視部門的經理。他說：「葛瑟，你以為你在幹嘛？竟然從窗口對著美國國家廣播電視台的總裁大叫？」

我回答說：「我只是在打招呼，我們都很開心。」

他說：「我覺得我們沒有那麼開心，以後別再這樣了。」

好吧，當年不是每個人都欣賞我的風格。我是有點怕納迪諾，但還不至於怕到不敢再從窗戶對外大叫。

有一天，我看到朗霍華（Ron Howard）經過。他那時早因演出《安迪葛瑞菲斯秀》（*The Andy Griffith Show*）和《外星驕客》（*Happy Days*）而相當走紅，但他想轉換跑道當導演，我看著他走過去，心想：「我明天要見朗霍華。」

我沒有對著窗外叫他，而是等他回辦公室後打電話給他：「朗霍華你好，我是布萊恩．葛瑟，我剛才看到你經過停車場，我也是這裡的製作人，我認為我們有類似的目標，約個時間見面聊聊吧！」

朗霍華有點害羞，這通電話似乎讓他嚇一大跳，我感覺他其實不太想和我見面，於是我說：「一定會很有趣，不會有壓力，我們就聊聊天。」

幾天後，他真的到我辦公室來聊天，他想成為主流的電影導演，而我想成為主流的電影製作人，我們兩個人都在嘗試之前沒有做過的事。

他走進我辦公室的那一瞬間，身上散發出一股氣息——光芒四射。在跟他交談後，我就發現我對自己人生中的選擇不如他周密，他具有強烈的道德感。我知道，光憑一次短短的談話就下這種結論，聽起來可能很傻，但那是我對他的第一印象。事後證明我沒看走眼，他到今天一直都是如此，三十五年來都沒有變。

他一走進來，我問他：「你有什麼想法？」

他不只想當導演，還想導一部限制級電影，以改變人們對他的刻板印象。我還不確定他是否能成為稱職的導演，但當下立刻決定在他身上下注，說服他和我一起合作。我開始介紹一些電影的點子，如《美人魚》和《銷魂大夜班》（*Night Shift*）。他絕對不想拍一部關於男人愛上美人魚的電影，但他很喜歡《銷魂大夜班》無厘頭的劇情，這部限制級的喜劇描述兩個傢伙以紐約市太平間為場地，經營應召生意，你絕對無法把它跟演出《外星驕客》的明星聯想在一起。

結果我們共同製作了上述兩部電影。儘管朗霍華起初對《美人魚》意願不高，但這部電影後來十分賣座。有了這兩次愉快的合作經驗後，我們一起成立想像娛樂公司（Imagine Entertainment），過去這三十年來，我們一直是藝術和商業上的最佳拍檔。朗霍華不只是好導演，也成為優秀的電影製作人，我們合作的電影包括《溫馨家族》（*Parenthood*）、《浴火赤子情》（*Backdraft*）、《達文西密碼》（*The Da Vinci Code*）、《請問總統先生》（*Frost/Nixon*）、《阿波羅十三》，以及獲得奧斯卡獎的《美麗境界》。

除了家人之外，我與朗霍華的關係是我生活中很重要的部分。他是我最親密的事業夥伴，也是最好的朋友。我在窗口看到他後，決定與他見面，正是由於情感層面好奇心，讓我渴望深入了解朗霍華這個人，於是主動出擊。再一次，在生命中最重要的時刻，我追隨好奇心，又幫我開啟了一扇門。

我和朗霍華在很多方面都不同，尤其是我們的性情很不一樣。但是，我們有共同的標準，像是如何說故事，最重要的是，我們都認同一個偉大故事的構成要素。事實上，在我認識的人當中，如果要說還有誰的好奇心能跟我相提並論的，一定非他莫屬。我們一起開會時，他提問的次數不亞於我，但他的問題與我不同，因此能得到不同的資訊。

過去這三十五年來，我有系統、有目的持續一連串好奇心對話。在本書中，你會看到其中許多例子，這些事件或場合裡對話的動機，就是來自於好奇心本身。

但在我的日常生活和工作中，並非在某個特定「場合」才使用好奇心，恰好相反，我無時無刻都感到好奇，老是問東問西，這就像我的本能，顯然也是一種技巧。

我是老闆（我和朗霍華共同經營想像娛樂公司），但很少對部屬下命令，我的管理風格是提出問題。如果有人在做我不明白或不喜歡的事、如果員工做了出乎意料的事，我開始問問題，感到好奇。

我現在依然不斷認識陌生人，有時候是在活動場合，而大多數時候，這些人是上班時間坐在我辦公室的沙發上。我並不特別外向，但我幾乎總是得**表現出**外向的樣子，那麼，我如何跟這些陌生人（有時候一天內就有十多人）打交道呢？通常他們會坐在我面前，殷切期待我主導對話內容，我當然會提出問題，由他們來說話。即使你對某個人了解不深，要對他感興趣並不難——而且我早已發現，大家都喜歡談論自己的工作、知道的事情和過往的經歷。

在娛樂圈需要大量的自信，你必須信任自己對於電影和電視節目的點子，你很快會發現，無論是對任何電影公司、投資人或主管而言，最安全的回答就是說「不行」，在這種情況下我們竟然還能製作出電影，常讓我感到驚訝不已。要是一聽到「不行」就氣餒，就無法在好萊塢闖出一番名號，因為不管你的點子多有價值、或是過去的紀錄有多輝煌，對方還是常常會告訴你「不行」，你必須要有繼續向前的信心，這條法則放諸四海皆準——舉凡在矽谷高科技公司上班、或在醫院治療病患，都需要信心。我的自信來自好奇心，沒錯，問問題能為你自己的點子建立信心。

對我來說，好奇心還有別的功用：幫我減輕一成不變的工作和生活引起的焦慮。

比如說，我擔心會變得自滿——擔心在好萊塢這個地方，我最後會活在與世隔離的泡泡裡，不知道外界的一切，也不知道事情如何變化和發展。我會運用好奇心來跳出泡泡，好讓自己不至於過度自滿。

我也擔心一些較為普通的事情，像是演講、孩子的安危，甚至是警察——警察會讓我很緊張。如果我在擔心某件事，就會運用好奇心，如果你了解主辦單位對這場演講的期待、如果你知道警察在想些什麼，恐懼會稍微降低，或是到你可以處理的程度。

我用好奇心作為管理工具。

我用它來幫我變得外向。

我用好奇心增加自信。

我用它來避免陷入一成不變的生活，用它來管理自己的焦慮。

在接下來的章節中，我會以分析和說故事的方式，闡述這些不同類型的好奇心，因為我覺得這對每個人都極有助益。

這正是我運用好奇心最重要的方式：用它來說故事。其實這就是我的職業，製作人的工作是要找到好故事來說，我需要編劇幫忙寫出這些故事，演員和導演呈現這些故事，我要尋求資金以製作這些故事，還要有好點子把已完成的故事推銷給大眾。但對我來說，所有這些要素的關鍵還是故事本身。

好萊塢的生活有個訣竅——這個訣竅你在九年級的英文課裡就學過，但是很多人忘記了，世界上的故事只有幾種：浪漫的愛情故事、冒險故事、悲劇、喜劇。過去四千年來我們一直在說故事，幾乎每個故事都被說過了。

然而，我身處的產業卻努力尋找新故事，或以新方式、新演員訴說老故事。

若想說出好故事，需要創意和原創性，也需要突如其來的靈感，靈感從哪裡來呢？我認為好奇心就能激發出火花。

事實上，說故事和好奇心本質上密不可分。好奇心正是人類世界每天的推動力，讓人詢問周遭環境的相關問題、了解旁人發生的事以及他們做事的動機。說故事就是把出於好奇而學到的東西具體呈現出來，故事本身即是經由好奇心而得到的成果報告。

說故事讓我們有能力告訴其他人我們學到了些什麼，或是告訴別人我們的冒險故事，以及我們碰到了哪些人。同樣地，說出好故事最能勾起好奇心，好奇心會讓你渴望繼續讀完一本書而捨不得放下，也會促使你去了解剛才看的那部電影有哪些部分是真人真事。

好奇心和說故事交織在一起，互相增強彼此的力量。

故事是否新奇，端看說故事的人切入的角度。

我製作了一部電影叫《美人魚》，述說一個男人與美人魚墜入愛河後發生的事情。

我製作了一部電影叫《阿波羅十三》，這是改編自真實故事，內容敘述三位美國太空人被困於受損的太空船裡。

我製作了一部電影叫《街頭痞子》（*8 Mile*），描述一位底特律的白人饒舌歌手，企圖在黑人饒舌界力爭上游的故事。

我製作了一部電影叫《美國黑幫》，是關於越戰時期一個紐約海洛因毒梟的故事。

《美國黑幫》不是在講黑幫老大——而是關於能力、才能和決心。

《街頭痞子》不是在講饒舌音樂，甚至與種族無關——而是克服屈辱、尊重、身為圈外人的處境。

《阿波羅十三》不是在講航空科學——而是關於足智多謀、為了求生處變不驚。

而《美人魚》當然不是關於美人魚，在好萊塢有一千個人告訴我，我們不能拍關於美人魚的電影。《美人魚》是關於愛，關於尋找適合自己的愛情，而不是聽從別人幫你做的選擇。

我不想製作關於迷人的美人魚、勇敢的太空人、厚顏無恥的毒品走私販、或苦苦掙扎的歌手這類電影，至少我不想落入俗套，讓觀眾**只**看到這些可預期的東西。

我也不想藉由爆破、特效或性愛場景等方式說故事，來讓觀眾覺得「興奮」。

我想盡己所能說出最棒的故事，令人難忘、產生共鳴，讓觀眾深思，有時候也能讓他們從不同的角度重新看待自己的生活。為了要找到那些故事、得到靈感、得到創意的火花，我就要問問題。

這是什麼樣的故事？喜劇？神話？冒險故事？

什麼樣的語氣才適合這個故事？

為什麼這個故事中的主角會惹上麻煩？

這個故事中的角色彼此之間有什麼關連？

是什麼因素能讓這個故事提供情感上的滿足？

是誰在說這個故事？這個人的觀點是什麼？他的挑戰是什麼？她的夢想是什麼？

最重要的是故事的主旨是什麼？劇情是指故事裡發生的事情，但那個劇情並不是故事的**主旨**。

如果我不夠好奇，就無法勝任這份工作，可能只會製作出普通的電影。

我不斷問問題，一直到發現有趣的事為止。我的天賦在於知道該問哪些問題，並且從中辨識出有趣的結果。

關於好奇心，我認為最令人興奮的地方，就是不管你是誰、你的職業或嗜好，好奇心在所有人身上都能帶來同樣的效果，前提是只要我們能善加利用。

你不必是湯瑪斯・愛迪生（Thomas Edison），也不必是史帝夫・賈伯斯（Steve Jobs）或史蒂芬史匹柏（Steven Spielberg），但只要有好奇心，就可以擁有「創造力」、「創新」、「說服力」和「原創性」。

好奇心不僅能幫你解決各種問題，還有一個好處：好奇心完全免費。你不需要接受培訓，不需要特殊設備或昂貴的服裝，也不需要智慧型手機或快速上網的工具，更不需要整套《大英百科全書》（*Encyclopædia Britannica*）（沒擁有這整套書總是讓我感到有點傷心）。

你天生就有好奇心，不管你的好奇心過去受到多少打壓，依然隨時待命，準備甦醒。

2 警察局長、電影大亨和氫彈之父：從其他人的角度思考

「好奇心……可說是不順從的極致表現。」

——弗拉基米爾·納博科夫（Vladimir Nabokov）[1]

警察叫我把褲子往下拉，就在那時我開始思索自己置身的處境。

那天是一九九二年四月三十日，我站在洛杉磯市區的帕克中心（Parker Center）裡，當時洛杉磯警察局總局就位於這棟獨特的建築物中。我花了幾個月的時間才能到這個地方，與洛杉磯警察局長達瑞爾·蓋茨（Daryl Gates）見面，這位傳奇人物因創建現代警察特殊武裝突擊部隊（SWAT）而聲名大噪，他還為美國各大城市的警察局，示範如何採行更軍事化的運作模式。

在八〇和九〇年代初期的洛杉磯，蓋茨局長所擁有的權力無人能出其右，我對此感到很著迷，

相當好奇他究竟具備什麼樣的人格特質，才能得到這樣的權力和地位，而且能善加利用。我完全不熟悉這類型的影響力，我並不把這個世界視為層級分明的階級指揮系統，不想掌控成千上萬的人，無論在生活或工作上，我都不曾藉機鞏固和運用權力，不喜歡發號施令，也不把人們是否服從命令當作尊重或畏懼我的象徵。但這世界充滿了爭權奪利的人——事實上，在典型的職場上這類人多的是，而我們可能需要他們。

雖然我對於這種力量很著迷，但也戒慎恐懼。不管是身為說故事的人或公民，我真的很想了解那種人格特質，蓋茨局長正是這種獨裁思維模式的最佳代表人物，而且他就在洛杉磯這個城市，可說是我好奇心對話的絕佳人選。

為了想排進蓋茨的行程表，我努力了好幾個月，持續跟助理、祕書、一個又一個警察打交道。終於在一九九二年初，他的辦公室通知我可以跟蓋茨局長吃午餐——時間是四個月後。

沒想到在一九九二年四月二十九日，也就是我這頓午餐的前一天，法院宣布了一個消息，先前四名洛杉磯警察因武力毆打羅德尼·金（Rodney King），有錄影帶為證被捕入獄，他們四人在這天獲得無罪開釋，於是整個洛杉磯開始大暴動。

四月三十日星期四早上，我起床後發現暴動持續一整晚，許多建築物慘遭祝融，社區居民被洗劫一空。突然間洛杉磯陷入一片混亂，自從一九六五年發生瓦特暴動（Watts riots）後，三十年來不曾如此。洛杉磯警局正好是此次亂源的中心——因為它恰好是整個事件的起因，而且也必須負責制止暴動。由於蓋茨大力推行軍事化值勤風格，才會引發羅德尼．金一開始被員警毆打的事件。

我想蓋茨那天早上肯定忙翻了，鐵定會取消午餐，但是沒有——照常舉行。

等我到了帕克中心，周圍層層警戒，前面有一排拒馬和警察，必須通過一連串檢查才能進入大樓。他們問：「你要見誰？」我回答：「蓋茨局長。」

我出示證件，到了大廳又有一排警察，有兩名對我搜身，要我把褲子往下拉。我穿著內褲，被兩名穿著制服的洛杉磯警察搜身，這種情況絲毫無法降低我對警察的恐懼，即使如此，我還是渴望見到蓋茨，這一年多來，我費盡千辛萬苦就是要與他碰面。等我把褲子拉上，兩名警察陪我一起搭電梯到六樓。

此時帕克中心高度警戒，雖然這棟建築物裡的人平常就訓練有素，理應在危機中保持沉著冷靜，但感覺大家仍有點受到驚嚇。

我到了蓋茨局長的套房，裡面有一間接待室和辦公室。周圍的每個人都穿著制服，他也不例外。他坐在辦公室裡一張很普通的會議桌前，旁邊圍著一圈木頭椅子，類似教室裡的椅子，但有扶手。他坐其中一邊，我坐另一邊。

蓋茨局長看起來一派輕鬆，而在樓下，這個城市發生了許多起火災和爆炸。當天下午，市長即將宣布進入緊急狀態和實施宵禁，動員國民警衛隊。隔天晚上，老布希（George H. W. Bush）總統會在黃金時段的電視上向全國說明洛杉磯暴動事件。[2]

但蓋茨很冷靜。

他對我打招呼，問說：「你午餐想吃什麼？」我很緊張，不太知道該說什麼，反問他：「局長，請問你想吃什麼？」

蓋茨說：「我要鮪魚三明治。」

「那我也一樣。」幾分鐘後，助理送來兩份鮪魚三明治，旁邊放了一些洋芋片。

我們一邊聊天，一邊吃三明治和洋芋片，至少蓋茨局長的確是在吃，我則禮貌性的咬幾口三明治就吃不下了。

我們坐在那裡時，蓋茨的副局長突然衝進辦公室，情緒十分激動，大喊：「老大！老大！你又上電視了，市議會說要你下台，他們說要開除你！」

蓋茨轉向我，絲毫沒有退縮，完全不受影響，看起來非常冷靜。

他對我和副局長說：「不可能，我想在這裡待多久就可以待多久，他們休想叫我離開。」

他的語氣平鋪直敘，像是在問：「那個鮪魚三明治怎麼樣？」

他的自我和傲慢讓他看起來泰然自若。他一生中經歷過許多大風大浪，這種反應不是裝出來的，對他來說，長期在不可思議的高壓下工作，才能練就出這身本領。

經年累月下來，自然而然就能運用權威，完全不假思索，臨危不亂，外界若想違抗他的意志、改變他的生活，可能性微乎其微。

事實上，在這起暴動前兩週，市議會早已宣布要更換警察局長，但蓋茨對於離職的時間，態度一直不明確，暴動後更不願離開。儘管他在我面前表現冷靜自大，但這頓午餐的六週後，他正式宣布辭職，兩週後卸任。[3]

我與蓋茨這次的會談很奇怪，令人難忘與不安，但卻也完美無瑕。

有些人可能很好奇蓋茨為什麼會成為警察，以及他如何升到局長的位子，管理八千名警察。[4]有些人可能很好奇，像蓋茨這樣的人如何安排工作時間，他會注意些什麼？留意這個城市的哪些部分？有些人可能會想知道，每天只關注洛杉磯的犯罪行為，會讓他對這個美麗的城市和其中的居民有什麼看法。

我的出發點不太一樣，我想了解的是，究竟得具備什麼樣的人格特質，才能讓這位身穿制服的局長信心十足，指揮如小型軍隊般的洛杉磯警局。

我這次和他碰面得到什麼收穫呢？

首先，我走入了截然不同的世界，在這幾小時內，我彷彿生活在蓋茨的世界，與我平常熟悉的世界大相逕庭。蓋茨從早上睜開眼睛到夜晚闔上眼睛，每天處理的事務可能是我從不曾考慮的內容。

我們的大方向南轅北轍，例如他的目標、優先考慮事項、價值觀。

小細節也相去甚遠，像是他的穿著打扮、行為舉止、如何與周遭的人談話。

我們住在同一個城市，都身居要職，且極為成功，但我們的世界如此不同，幾乎沒有交集。基本上，我們每天從完全不同的角度看同樣的城市。

這就是我從蓋茨身上得到的收穫：他完全顛覆我的觀點。

* * *

我們都受限於自己的思維方式，被困在自己與其他人打交道的方式中，我們習慣於自己看到的世界，往往因此認為世界**就是**我們看到的樣子。

對於以找尋故事題材然後在電影、電視銀幕上說故事為生的人而言，這種狹隘的觀點可說是既危險又無趣。

我每天運用好奇心的其中一個重要方式，就是透過別人的眼睛看世界，讓我不會錯過其他看世界的角度。藉由完全令人耳目一新的角度，能一再提醒我，每個人看到的世界都不盡相同，如果想要說出吸引人且種類眾多的故事，必須能取得那些不同的觀點。

我和朗霍華合作過十七部電影，由我擔任製作人，他擔任導演，我們來稍微看一下其中幾部。比如說，在《銷魂大夜班》裡，米高基頓（Michael Keaton）在紐約市太平間經營應召站。在《溫馨家族》裡，史提夫馬丁（Steve Martin）努力想兼顧工作和做個好父親。《浴火赤子情》描述消防人員需要具備的勇氣，以及他們在工作中千鈞一髮的一刻如何善用判斷力。《美麗境界》是關於約翰．納許（John Nash）的故事，這位數學家得到了諾貝爾獎和精神分裂症。

金凱瑞領銜主演的《鬼靈精》（*How the Grinch Stole Christmas!*），將兒童文學作家蘇斯（Seuss）博士筆下的人物詮釋得活靈活現。《請問總統先生》的內容則是改編自由大衛．弗羅斯特（David Frost）採訪前總統理查．尼克森（Richard Nixon）的幾次真實電視專訪。

這六部電影分別從不同人物的角度為出發點，像是不務正業的太平間員工、有趣但自我批判的父親、一群勇敢的消防隊員、絕頂聰明但罹患精神疾病的數學家、憤世嫉俗的卡通人物、精明的電視記者採訪蒙羞的前總統。

這些角色相差懸殊，涵蓋極為不同的觀點，包括喜劇、冒險和悲劇等故事類別，場景從冷戰時期的普林斯頓大學（Princeton University）到八〇年代燃燒的摩天大樓內部，從紐約市太平間的冷凍室到美國郊區，看起來似乎毫無共通點——然而它們不僅來自同一家公司（想像娛樂公司），而且都由我和朗霍華指導完成。

這就是我一直以來在好萊塢想做的工作，我不想重複製作角色稍微不同但本質上大同小異的電影——即使是在無意識的情況下都不願意。[5]

這些究竟與我和洛杉磯警察局長蓋茨的談話有什麼關連呢？

答案是好奇。我不知道其他說故事的人如何使自己跳脫窠臼，但我的祕訣就是好奇心——尤其是好奇心對話。

我的工作（和我的生活）之所以多采多姿，關鍵在於好奇心。我運用這項工具尋找不同類型的人物和故事，而無法靠自己杜撰，有些人光在腦海中就能想像蓋茨這等人物，我得見到他本人，從他的角度看世界，必須和他坐在同一個房間，親自問他問題，不只聽他回答的內容，還要看他回答時臉上的表情變化。

好奇心對話有個重要的規則，幾乎完全違犯直覺：我從來不是為了找尋電影題材而開啟好奇心對話，這些對話之所以會發生，純粹是因為我對某個主題或某個人很感興趣，經年累月，讓我擁有了各種不同的經驗和觀點寶庫。

通常不是一段對話給了我某個電影的靈感或點子，事實上恰好相反。比如說，在想像娛樂公司裡的某個編劇或導演，會為了製作電影或電視節目構思一個點子，他得到靈感後會來跟我們描述一個故事，我一聽到這個點子，會回想起多年前的一段好奇心對話，為我開啟了與這個點子相關的各種可能性。

我過去四十年來製作的電影和電視節目，內容之所以能豐富和多樣，好奇心對話確實居功厥偉，但這些見面談話的主要目的，起先並不是為了創作電影和電視節目。好奇心促使我追求我的熱情，使我一腳踏進科學、音樂和流行文化，重要的不只是發生了些什麼事，還有面對這些事情的態度和心情。

二〇〇二年製作描述底特律嘻哈音樂的《街頭痞子》時，我五十一歲。這部電影的靈感是來自於有天晚上，我在音樂錄影帶大獎（Video Music Awards）上看到阿姆（Eminem）表演，靈光乍現。老實說，我已經關注嘻哈歌手將近二十年——從八〇年代起，打從我認識全民公敵樂團（Public Enemy）裡的查克·D（Chuck D）、斯里克·瑞克（Slick Rick）、野獸男孩（Beastie Boys）、創立嘻哈品牌戴夫傑姆唱片公司（Def Jam）的羅素·西蒙斯（Russell Simmons）等人之後，就一直想做一部關於嘻哈世界的電影。等到音樂製作人吉米·艾文（Jimmy Iovine）帶阿姆到辦公室，我們三個人坐下來討論嘻哈電影的可能面貌，《街頭痞子》的想法終於具體成型。其實阿姆前四十分鐘都沒說話，最後我對他說：「說幾句話嘛！你覺得電影怎麼拍比較好？」他看了我一眼，然後開始敘述他的人生故事，在底特律成長過程中不堪回首的往事，後來就成為整部電影的主軸。

饒舌音樂相當激動、活力十足、憤怒、反主流，與此相差十萬八千里的是祕密情報的世界，一板一眼、劃分清楚、精密分析。在拍攝《街頭痞子》的同時，我們還推出了電視影集《二十四反恐任務》（24），由基弗．蘇德蘭（Kiefer Sutherland）飾演反恐小組探員傑克．鮑爾（Jack Bauer），負責對抗攻擊美國的恐怖分子。二〇〇一年九月十一日的恐怖攻擊發生時，該劇第一季已經開始拍攝（由於時機敏感，第一集首播的時間因此延後了一個月）。每週播出的一小時劇情，與男主角鮑爾生活中的一小時同步，這種方式能營造出即時性和緊迫感，我很喜歡。

我對於《二十四反恐任務》這類型節目早已做好準備，過去幾十年來，我深受情報和祕密工作世界的吸引。我曾與下列人士有過好奇心對話：兩位中情局局長〔（威廉．科比（William Colby）和比爾．凱西（Bill Casey）〕、以色列祕密情報局莫薩德（Israeli intelligence agency Mossad）、英國情報機構軍情五處（MI5）和軍情六處（MI6）的幾位探員，以及前中情局資深情報人員邁克．舒爾（Michael Scheuer）。舒爾在一九九六年幫忙設立艾列克站（Alec Station），在九一一恐怖攻擊前，這個祕密單位負責追捕奧薩瑪．賓．拉登（Osama bin Laden）。[6]

無論是居於高位的科比和凱西，或站在第一線的舒爾，這些情報人員腦中可以累積和記憶的資訊數量之多，讓我驚訝不已。他們知道許多關於這個世界**真正**運作的法則，也明瞭自己身處的是祕密世界。他們知道其他人無從得知的祕密事件和關係，往往必須根據這些祕密做出攸關生死的決策。

我多年來對於情報世界感到好奇，努力了解這些參與者的動機和心態，由於我對這個世界早已具有足夠的認識，等到一接觸《二十四反恐任務》這樣的電視影集，立即知道這會是個引人入勝的故事。

這正是好奇心對話的長期效益：讓我感到好奇的事情，為我建立了資料庫和人脈關係聯絡網（我覺得這跟情報人員蒐集各類資訊的方式沒有兩樣），因此，只要適合的故事一出現，立刻能與我產生共鳴。好奇心意味著我能保持開放的心胸，同時接受個性相差懸殊的角色，例如《二十四反恐任務》裡的鮑爾，以及《街頭痞子》裡阿姆飾演的年輕饒舌歌手小吉米・史密斯（Jimmy "B-Rabbitt" Smith）。

一九九二年四月三十日，我們的城市開始暴動和燃燒，我在那天與蓋茨談話，在那之後，等到我有機會製作《強・艾德格》（*J. Edgar*），立刻又認出類似的人格特質。這部電影由克林伊斯威特（Clint Eastwood）執導，內容關於美國聯邦調查局（ＦＢＩ）局長強・艾德格・胡佛（J. Edgar

Hoover）的職業生涯，由李奧納多狄卡皮歐（Leonardo DiCaprio）飾演胡佛。如果我二十年前沒有花時間去了解蓋茨，我不確定能否充分理解胡佛的控制欲。克林伊斯威特和李奧納多狄卡皮歐透過主角情緒的轉變、精湛的演技、甚至燈光，很巧妙地將控制欲融入在電影中。

事實上，正是由於早期的一段對話，讓我學到自己得提出好點子才能製作電影，至今我仍銘記在心。這段對話發生時我還在華納兄弟工作，那時我希望自己每天至少認識一個演藝圈的人。

我在華納兄弟擔任法務助理大約一年後，終於說服了沃瑟曼與我見面。就好奇心對話的角度而言，這次見面對二十三歲的我算是一大驚人的成就，可說是達到幾十年後與沙克和泰勒等大人物同樣的等級，甚至更高。沃瑟曼是美希亞音樂集團的老闆，也是塑造現代電影產業的關鍵人物，例如現在投入巨資製作重量級電影的點子，就是他提出來的。我去找沃瑟曼時是一九七五年，他自一九三六年就加入美希亞音樂集團，在他管理期間，旗下簽約的電影巨星包括貝蒂・戴維斯（Bette Davis）、吉米・史都華（Jimmy Stewart）、茱蒂・嘉蘭（Judy Garland）、亨利・方達（Henry Fonda）、弗雷德・阿斯泰爾（Fred Astaire）、金姐・羅傑絲（Ginger Rogers）、葛雷哥萊畢克（Gregory Peck）、金・凱利（Gene Kelly）、亞佛烈德・希區考克（Alfred Hitchcock）、傑克・班尼（Jack Benny）。[7]製作的電影包括《大白鯊》（*Jaws*）、《E.T.外星人》（*E.T. the Extra-Terrestrial*）、《回到未來》（*Back to the Future*）、《侏羅紀公園》（*Jurassic Park*）等。

我去見沃瑟曼的那一天，他無疑是電影界赫赫有名的第一把交椅，而我不過是個沒沒無聞的小卒。我花了幾個月的時間耐心耕耘，終於排進他的行程表，雖然只有短短十分鐘。我定期與他的助理美樂蒂（Melody）聯絡，有一次我對她說：「如果我只是去見見妳，可以嗎？」我真的去了——只是為了讓她能把我的聲音與臉和個性聯想在一起。

等我終於見到沃瑟曼時，並不緊張或特別害怕，反而是很興奮，對我來說，能從他身上汲取智慧是個天賜良機。其實他一開始踏入電影業時，只是個電影院的接待員，位階還比我低一些，但後來簡直是**打造**出電影產業，我當然可以向他借鏡。

那天，沃瑟曼並沒有太多耐心，聽我細細述說渴望成為電影製作人的決心，他打斷我的話。

沃瑟曼說：「嘿！小兄弟，你有辦法進到我這間辦公室，基本上應該有幾把刷子。假設成為製作人的方法有十幾種，包括有錢、認識有錢人、有門路、有朋友做這一行、成為明星或編劇的經紀人等，能成為製作人的方法有十幾種，你卻沒有上述任何一種。

「你沒辦法花錢買任何東西——你不能買劇本，不能買下書的版權，你不認識任何人，也不是別人的經紀人，你沒有影響力，真的什麼都沒有。

「但要是想在這個行業出人頭地，唯一的方法就是擁有自己的素材，你必須**擁有**它。」

接著沃瑟曼伸手拿起桌上的便條紙和鉛筆，拿筆在便條紙上敲一敲，然後遞給我。

他說：「這裡有黃色的便條紙和2B鉛筆，用鉛筆在便條紙上寫點東西，你必須想出點子，因為你什麼都沒有。」

我目瞪口呆，驚訝不已。在有如漩渦般的電影業裡，沃瑟曼是第一個為我指引明燈的人，告訴我該做哪些事情才能跳脫法務助理的職位，晉身為電影製作人。

寫下來。

不然一切都只是空談。

我和沃瑟曼見面不到十分鐘，但感覺像一小時，與他共度的那段時間改變了我對電影業的整個觀點，顛覆了我幼稚的想法。

沃瑟曼告訴我的是，在好萊塢點子就像貨幣，我必須自己有一些點子。他還說，因為我沒有影響力或金錢，只好靠著自己的好奇心和想像力發掘這些點子。我的好奇心比錢還有價值——因為我沒有錢。

我並沒有把沃瑟曼的黃色便條紙和鉛筆帶走，這一點我很確定，雖然我很緊張，但還是記得把它們留在他的辦公室。不過我確實聽從了他的建議：開始勤於利用好奇心構思點子。

* * *

成為一流的超級名模凱特．摩絲（Kate Moss）意味著什麼？而要成為知名的律師葛蘿莉亞．奧瑞德（Gloria Allred），又需要具備什麼不同的條件？

如果要拍出傳神的電影，就要能了解世界上許多行業，畢竟各行各業的運作模式與好萊塢大不相同。我一直想跟讀者分享，我是如何有意識地運用好奇心顛覆自己原本的觀點，廣泛接觸物理、醫學、模特兒、商業、文學、法律等各領域的人，以了解在那些世界裡生存必須具備的技能和人格特質。

如果說，對於我這個電影製作人、說故事的人而言，顛覆觀點就能帶來極大的助益，試想一下，對其他行業的人應該也能帶來顯著的成效。

你當然希望醫生能透過你的眼睛看世界，以了解你的症狀，才能提供舒緩症狀的最佳治療。你也希望醫生能對於治療疾病的新方法感到好奇，期待他願意傾聽同事和研究人員的意見，進而顛覆自身熟悉且一貫的治病方式。醫學界一向充滿各種顛覆的機會，早已大幅改變醫生慣用的行醫方式，從洗手和衛生開始，一直到腹腔鏡和機器人手術，拯救了許多人的生命或大幅提升眾人的生活品質。醫學這個領域之所以能快速持續進步，幕後的功臣就是好奇心。但是醫生必須樂於跨出自己的舒適圈，才能從不同的觀點受益和改進。

對許多行業而言，有能力去想像其他人的觀點也是一項重要的策略工具。我們希望辦案人員能想像罪犯下一步的做法；我們希望軍事指揮官能比敵軍預先想到五個步驟；我們希望籃球教練能看出對手的比賽策略而反擊；在協商國際貿易合約時，如果不了解其他國家的需求則無法談判。

事實上，最好的醫生、辦案人員、將軍、教練和外交官都有共同的特點，就是能從對方的角度設想。你不能只是擬定自己的策略，執行後等待事情發生再回應，而是必須預見即將發生的事，因此，你首先得顛覆自己的觀點。

在另一種完全不同的情境運用上述同樣的技巧，則能創造出讓我們開心的產品。聰明絕頂的賈伯斯預先設想消費者會如何使用電腦、聽音樂和溝通，因此設計出電腦作業系統、音樂播放器和手機。我們甚至都還沒想到，他就先提供符合需求的產品。易於使用的洗碗機或電視遙控器等設計也是如此。

假設你以前沒開過某種車款，只要一坐進駕駛座，馬上可以從儀表板和控制裝置，判斷設計人員對客戶如何使用是否感到好奇。目前車上必備的杯架不是由寶馬、賓士（Mercedes）、奧迪（Audi）等歐洲汽車大廠的工程師設計，首度提供杯架的車款是道奇汽車（Dodge）於一九八三年推出的卡拉芬（Caravan）。[8]

從iPhone、杯架、易於使用的洗碗機可知，工程師在設計時做了一件簡單卻常遭忽略的事：他們會先問自己一些問題，例如這項產品的使用者是誰？使用時會發生什麼事？使用者與我有何不同？

成功的商人會站在客戶的角度思考，就像教練或將軍一樣，會想像對手的反應，為了競爭做好萬全準備。

有時這種具顛覆性的好奇心仰賴本能，賈伯斯素以輕視焦點小組和消費者測試聞名，寧可根據自己的判斷來改良產品。

有時這種具顛覆性的好奇心仰賴例行程序。山姆・沃爾頓（Sam Walton）創辦了全球最大的公司沃爾瑪（Wal-Mart），過去幾十年來，他每週六上午召集五百位經理開會，俗稱「週六朝會」，只有兩個目的：一、仔細審查每家店裡每個貨架，一週來商品的銷售量；二、提出下列問題：競爭對手目前的做法有哪些是我們應該注意或模仿的？每次週六朝會時，沃爾頓要求員工站起來，分享上班日到競爭對手商店參訪後的心得，包括凱馬特（K-mart）、澤瑞（Zayre）、沃爾格林（Walgreens）、來德愛（Rite Aid）和西爾斯（Sears）等公司。

沃爾頓對於會議有幾項嚴格的規定：參與者只能提到競爭對手做對的部分，必須是親眼所見、聰明且具體實行的做法。基本上，沃爾頓很好奇為什麼客戶還願意跑到沃爾瑪以外的地方購物，他不在乎競爭對手做**錯**些什麼，因為這無傷大雅，但是他不想讓對手的創新優勢領先一週以上。他知道自己不夠聰明，無法光靠自己想出經營一家企業的所有小細節，既然可以光明正大走進競爭對手的商店，為什麼還要絞盡腦汁揣測他們的想法呢？

有時這種具顛覆性的好奇心仰賴系統化的分析，演變為複雜的企業研發計畫。亨氏食品公司（H. J. Heinz）花了近三年為蕃茄醬設計出倒立瓶身的包裝，之所以會有這項研究計畫，是因為研究人員到消費者家中參訪，發現他們為了不浪費底部的蕃茄醬，將玻璃瓶裝的蕃茄醬倒立放在冰箱的門邊，由於瓶身細細長長，看起來搖搖晃晃不安全，結果亨氏利用矽膠閥，發明能讓蕃茄醬密封的倒立瓶子，一擠壓瓶身即可倒出，停止擠壓則不會流出。發明這個矽膠閥的是一位密西根州的工程師，名叫保羅．布朗（Paul Brown），他告訴記者：「我會假裝我是矽膠，想像我被注入模子後，會做什麼事？」亨氏食品公司決心要了解客戶，因此商品從雜貨店賣出後，還持續追蹤家中使用情形，工程師布朗決心要解決問題，於是想像自己是液體矽膠。[9]

出產汰漬洗衣粉（Tide）、Bounty廚房清潔紙巾、幫寶適尿布（Pampers）、CoverGirl化妝品、潔而敏捲筒衛生紙（Charmin）和克瑞斯牙膏（Crest）等民生用品的寶鹼公司（P&G），光是做消費者研究每天就至少花一百萬美元。該公司決心了解消費者如何清潔衣服、廚房、頭髮和牙齒，於是派研究人員每年針對五百萬名消費者做兩萬項研究，主要目的是清楚消費者的行為和習慣。正因如此，汰漬現在推出事先計算好用量的洗衣球，消費者不需要自己倒，不必計算，不會一團亂。此外，還推出去漬筆（Tide pen），不必脫下褲子或裙子，即可輕鬆除掉上面的污漬。[10]

我的好奇心結合了賈伯斯、沃爾頓和寶鹼的方法。基本上，我的好奇出自本能——我一直是好奇寶寶。如果有個人走進我的辦公室，想討論電影配樂或修改電視劇本，而這個人穿了一雙很酷的鞋子，我們就會開始談論鞋子。

我知道不是每個人都自認為天生好奇，或敢鼓起勇氣詢問別人的鞋子。但我要告訴你一個祕密：即使如此也沒關係，就算你認為自己沒有出於本能的好奇心，還是可以運用它。

一旦發現了好奇心的力量能讓我在工作上更如魚得水，我就有意識地將它變成例行工作的一部分，有紀律的運用，然後成為一種習慣。

但是，我和寶鹼公司裡精於分析的研究人員之間，有個重要的差異。我真的是用「好奇心」這個詞來談論我所做的事情，也從這個角度來理解。然而，世界上其他地方幾乎從沒有人用「好奇心」來描述這類調查研究。

甚至當我們以有組織、有目的的方式，懷著高度的好奇心，仍然不是用「好奇心」這個詞來形容。比如說，教練和助理為了準備下一場比賽，花五天觀看影片，全心投入研究另一隊的思維模式、特質和戰術，這種情況仍不被視為是對於對手感到「好奇」，球隊只單純把它叫做「觀看比賽錄影片段」。在政治競選活動上，把好奇心稱為「研究競爭對手」。公司投入大量的金錢和努力，了解客戶的行為和滿足其需求，也不被視為是對客戶感到「好奇」，而是用「消費者研究」或是他們開發出一種「創新流程」等說詞。（要是公司高薪聘請一些顧問來負責好奇心這部分，他們會說已經開發出一個「策略上的創新流程路徑」。）

《哈佛商業評論》（*Harvard Business Review*）於二〇一一年刊登一篇九頁的個案研究，敘述寶鹼公司如何努力創新和提高創造力，這篇文章的其中一位作者是寶鹼的技術長，文字長度約五千字，相當於本書第二章從開頭到目前為止的篇幅。作者說他們想描述寶鹼如何努力「讓偶然的突發奇想變得更有系統，因為這些想法常常能激發事業創新的機會。」在好萊塢我們把它叫做「午餐」，而「讓偶然的突發奇想變得更有系統」（找方法來發掘偉大的點子），正是每個聰明的組織都想做的事，沃爾頓利用週六朝會來「讓偶然的突發奇想變得更有系統」，我則是用好奇心對話「讓偶然的突發奇想變得更有系統」。

在上述那篇關於寶鹼公司的文章裡，「創新」這個詞出現六十五次，好奇心連一次都沒出現。[11]太沒道理了，我們根本就沒有正視好奇心，不論是在使用它、描述它、讚揚它，字裡行間卻沒有提到它。

我們談到的這件事其實具有啟發作用，而且很重要。如果不承認某個特質的存在，就無法理解、欣賞和加以培養，如果不使用好奇心這個詞，又如何能教導孩子擁有好奇心呢？如果不告訴人們要保持好奇，又如何能鼓勵他們在工作中發揮好奇心呢？

這個論點並不是隨口說說、無關緊要。

我們生活的社會日益沉迷於「創新」和「創意」。

二十年前，也就是一九九五年，美國媒體每天提到「創新」的次數為八十次；每天提到「創意」九十次。

才過了短短五年，提到「創新」的次數每天快速增加為二百六十次；「創意」每天出現一百七十次。

到了二〇一〇年，「創新」每天出現六百六十次，「創意」緊追其後，每天達五百五十次。

在二〇一〇年，好奇心出現在媒體的次數只有它們的四分之一，每天約一百六十次。也就是說，好奇心出現的次數只和「創意」與「創新」在二〇〇〇年一樣多。[12]

美國較具規模的大學會在線上資料庫列出「專家級」的教職員名單，以供媒體和企業諮詢。麻省理工學院（MIT）列出九位創意專家，二十七位創新專家，至於好奇心專家呢？零位。史丹佛大學（Stanford）列出四位創意專家，二十一位創新專家，能談論好奇心的呢？零位。

培養創意和創新當然很重要，因為那不但可以推動經濟發展，而且也顯著提升生活品質，無論從電話到零售、從醫藥到娛樂、從旅遊到教育都如此。

雖然「創意」和「創新」不可或缺，卻很難衡量，甚至幾乎不可能教導。（你有沒有認識某個缺乏創意或創新能力的人，因為修了一門課之後，就變得有創意和創新能力呢？）事實上，對於何謂有「創意」或「創新」的點子，大家的意見往往分歧，常見的情況是我覺得自己想的創新點子很棒，別人卻認為很愚蠢。

我認為過於強調創意和創新可能會適得其反。在辦公室小隔間裡工作的上班族，可能不會覺得自己有「創意」或「創新」，不在企業研發部門的人可能也很清楚「創新」不是自己的工作，因為「創新部門」是位於另一棟大樓裡。事實上，無論我們認為自己有沒有創意，在多數的工作場所，我們都很清楚創意不是自己的職責範圍，正因如此，我們撥打〇八〇〇號碼給客服人員時，他們才會照本宣科唸著手冊上的內容，而不是真的對我們說話。

不過，好奇心不像創意和創新，它本質上更容易取得、更民主、更容易看到、也更容易運用。

由於我曾向電影公司主管介紹成千上萬的電影想法，我知道再棒的點子也常常會得到「不行」的答案，而且不是常常，幾乎是九〇%的情況。心臟必須夠強才能接受一再被拒絕，我認為大多數人提出了想法被拒絕後，都會認為毫無斬獲。（在電影業裡很不幸的是，沒被拒絕過的想法不會有所斬獲，因為若要聽到「可以」，唯一的方式就是先不斷聽人家說「不行」。）

我們似乎不明白一個祕密，好奇心與創意和創新之間的關係其實相當密切：好奇心是激發創意的工具，也是提供創新的技巧。

問問題會創造出一種創新和創意的思維模式。好奇心假設可能有些我們不知道的新東西，有些我們沒有經驗過的事情，好奇心開啟了各種可能性，讓我們知道自己目前的做法並非唯一的方式，甚至不是最佳方式。

我在第一章提到，好奇心激發的火花可以為故事提供了不起的點子。但事實上運用的層面更廣：好奇心不只能激發出好故事，還能為你從事的任何工作提供靈感。

你可以隨時保持好奇心，好奇心終將帶你找到一個好點子。

沃爾頓並不是走在自己的賣場裡，希望藉此得到靈感，那種做法無疑像看著空蕩蕩的沃爾瑪大貨車找靈感一樣無效，他需要以不同的角度看世界，就像我從蓋茨局長和沃瑟曼身上看到的一樣。沃爾頓希望能為最平常的賣場擺設帶來創新，開始對同業的做法感到好奇，一再問自己一個問題：「我們的競爭對手在做什麼？」

我不是坐在辦公室裡，凝望著窗外的比佛利山（Beverly Hills），等著電影的點子飄進我的視野。我跟其他人交談，汲取他們的觀點、經驗和故事，藉此讓自己的經驗增加千萬倍。

其實我所做的就是不斷問問題，直到有趣的事發生為止。

這件事我們都可以做。我們可以教人問好問題，教人仔細聆聽答案，教人利用答案再去問下一個問題。實際上，第一步驟就是將問題本身視為有價值，而且值得回答——先從我們的孩子開始。

如果你認真看待問題，提問的人也會認真聆聽答案（即使他們不認同真正的答案內容）。

出於好奇而提出問題會鼓勵對方參與，運用好奇心顛覆自己的觀點往往相當值得，縱使最後的結果不如預期。

這就是好奇心帶來的一部分樂趣，你本來就應該要對答案感到訝異。如果你只得到預料中的答案，表示還不夠好奇，要是得到的答案讓你驚訝，你就知道已經顛覆自己的觀點了。但驚訝的滋味也許不好受，我非常清楚。

如前所述，我剛踏入電影界時下定決心要與一些人展開好奇心對話，泰勒就是其中一位。從我年輕時代，泰勒就是個大人物，雖然不見得是好的方面。這位才華洋溢的理論物理學家加入曼哈頓計畫（Manhattan Project），這項計畫的目的是開發第一顆原子彈。早期關於原子彈的其中一個隱憂是，原子彈引發的核反應可能永遠不會停止，一顆原子彈可能會炸毀整個地球。由於泰勒的精密計算，證明了原子彈雖然破壞力極大，但波及的範圍有限。

泰勒持續推動製造氫彈——比原子彈更強大一千倍。他擔任加州勞倫斯利物摩國家實驗室（Lawrence Livermore Laboratory）的主管，這是美國首屈一指的核子武器研究單位。他不僅聰明，而且積極提倡設置強大的防禦系統，拼命鼓吹將核子武器納入其中的重要性。

我成為電影製作人時，泰勒大約七十多歲，但他投入一個新職位，鼓吹且幫雷根總統設計飽受爭議的星戰飛彈防禦系統，其正式名稱為戰略防禦計畫（Strategic Defense Initiative）。泰勒的脾氣古怪，個性很難相處，據說在一九六四年史丹利・庫柏力克（Stanley Kubrick）執導的電影《奇愛博士》（*Dr. Strangelove*）裡，主角的靈感就是來自於泰勒。

我之所以想見他，純粹是要了解什麼個性的人，會如此熱中於發明史上破壞力最強的武器。

要和泰勒約時間見面幾乎不可能，這一點全在意料之中，他的辦公室完全不回電話，我寫信給他，持續追蹤，提議要飛去找他。終於在一九八七年的某一天，我接到電話說泰勒博士（他當時高齡七十九歲，參與星戰計畫）會經過洛杉磯，且在洛杉磯國際機場附近的旅館短暫停留幾小時，如果我去旅館，可以跟他碰面一小時。

兩名身穿制服的軍官在旅館大廳等我，陪我一同搭電梯。泰勒的套房有兩個相連的房間，裡面還有其他軍方人員和助理，我並不是單獨見他。

打從一開始，我就覺得他看起來很可怕。

他不高、很冷漠，對於我出現在那兒似乎絲毫不感興趣。通常，如果別人對你感興趣，或就算只是出於禮貌，他們自然都會散發一股能量，像蓋茨就是如此。

泰勒則不是。

那種冷漠當然讓人很難跟他交談。

他好像知道我花了一年的時間安排與他見面，這個舉動激怒了他。從一見面他就有一股怒氣，後來也沒有改善。

他顯然很聰明，且富有專業素養，但看起來高不可攀。我試著問他關於武器的工作內容，但沒有問到什麼，他只說：「只要技術還有進步的空間，我就會持續創新，這是我的使命。」

在談話過程中，他建立起一道屏障，就如同他提及要為北美大陸設計的防護網一樣，我們之間有著一面無形的玻璃牆。

他傳達出非常明確的訊息：我對他而言並不重要，只是在浪費他的時間。

泰勒的影響力舉足輕重，他參與的計畫可說是改變了這個世界，老實說，與他這種人見面時，你期望聽到些什麼？通常會希望能得知某個祕密。

與全球安全或美國安全有關的祕密。

想知道他們是何許人的祕密。

期望能從一種表情、一種態度得到某種洞見。

這樣的期待當然有點誇大，畢竟只花四十五分鐘與一個人相處，很難聽到什麼祕密。

但我覺得從泰勒身上除了輕視外，什麼都沒有得到。

我問他電視，他說：「我不看電視。」

我問他電影，他說：「我不看電影，最後一次看的電影是五十年前的《小飛象》（*Dumbo*）。」這個偉大的核子物理學家在半世紀前，竟然看過我很珍愛的動畫影片《小飛象》，這部卡通是關於一隻會飛的大象。

他說他認為我的工作毫無價值，他當然一點都不關心故事，不只不關心，甚至不屑一顧。從這個角度看來，我覺得有點受到侮辱，如果跟我見面只是要羞辱人，何必花時間見我？但其實我心中只有一小部分覺得被侮辱，大部分的我對他的輕視還是著迷不已。

回頭來看，他當然有資格被列為具顛覆性——這次與他接觸讓我畢生難忘。泰勒顯然擁有高度的愛國心，而且近乎狂熱的地步。他關心美國、關心自由，以他的方式關心人性。

但有趣的是，等後來我有時間沉澱下來思考，卻發現他自己似乎缺乏人性，無法與一般人溝通。

我與泰勒見面時，已經是個小有成就的電影製作人，當然還是會很客氣的結束訪談離開，但我覺得有點像被人在肚子上踹了一腳。

這並不代表我後悔花了一年的時間約泰勒，雖然結果出乎意料，但他的人格特質的確與他的成就匹配，這就是好奇心的重點所在：你得到的結果不會全然與事先預期的一致。

同樣重要的是，你不見得會知道其他人如何看待你的好奇心，不是每個人都喜歡成為你好奇心發揮的對象，而這也是從別人的角度看世界的一種方式。

事實上我的確得到了期待的結果：我對於泰勒這個人有更深入的了解，也得知泰勒博士究竟如何看待世界上其他的地方。

好奇心有風險，但那是好事，你才會知道它有多麼珍貴。

3 好奇心是好故事的關鍵要素

「人類心靈深受故事吸引，對其毫無招架之力。」

——強納森・哥德夏（Jonathan Gottschall）[1]

納格莉敘述她的人生故事時，我很難把聽到的細節與站在身旁這位安靜鎮定的女人聯想在一起。

納格莉原本是一家造紙公司的記帳員，與丈夫和兩個年幼的兒子住在智利的瓦爾帕萊索（**Valparaíso**），這個古老的港口城市有著五百年歷史，非常美麗，又被稱為「太平洋之珠」。工作之餘，納格莉加入瓦爾帕萊索的工會和婦女團體，在七〇年代初，她也替智利民選總統薩爾瓦多・阿葉德（**Salvador Allende**）的政府單位工作。

一九七三年，阿葉德被他指派的智利軍事將領奧古斯圖・皮諾契特（**Augusto Pinochet**）將軍推翻。那次政變情況激烈，為了要趕走阿葉德，有一度智利空軍甚至往下投擲炸彈到位於首都聖地牙哥（Santiago）的總統府。皮諾契特於一九七三年九月十一日取得政權，隨即展開搜索，意圖讓他眼中的敵人或潛在敵人全數「消失」。

也許是因為納格莉曾替工會或阿葉德工作，智利的海軍情報人員後來在一九七五年找上門，把她從公寓帶到瓦爾帕萊索的海軍情報基地。當時她二十九歲，兩個兒子一個八歲，一個兩歲。而她先生也在同一天被帶走。

在那段期間，皮諾契特的部隊逮捕、監禁和折磨了約四萬智利人，由於人數過多，這位獨裁者不得不在智利各地設立集中營來處置他們。

納格莉原本被拘留在瓦爾帕萊索的海軍情報基地，幾個月後，被送到聖地牙哥的集中營。這幾個月當中，她在這兩個地方每天都受到系統化、甚至科學化的方式無情地虐待。

我在一個幾乎最難以想像的地點見到了納格莉：加州的馬里布（Malibu）沙灘。八〇年代後期，我住在馬里布海灘，旁邊住著歌手史汀（Sting）和他的太太楚蒂．史黛拉（Trudie Styler）。有個星期天下午，他們邀請一些人到海濱豪宅共進晚餐。

史汀對我說：「我想要你見一個人，她叫做納格莉，她曾在智利被皮諾契特囚禁和虐待。」史汀加入了國際特赦組織（Amnesty International），透過該組織認識納格莉。

納格莉那時已經搬到華盛頓特區。從聖地牙哥的集中營被釋放後，她又陸續被逮捕了幾次，有關當局藉機提醒她仍受到監控，後來她被驅逐出境，離開智利到華盛頓特區與兒子團聚，兩個兒子當時分別念高中和國中。我們在史汀家見面的那天，折磨納格莉的皮諾契特依舊在智利掌權。

我們開始聊天，接著到沙灘散步。

她被囚禁的期間內，多半被蒙住眼睛。施虐者極為聰明，將凌虐她的時間切割成片段，而且不定時，因此即使沒被凌虐，仍無時無刻心驚膽跳，因為她知道牢房門隨時會打開，又得承受下一輪的酷刑，不管上一輪是一小時或三天前結束，完全不按表操課。

皮諾契特的手下處心積慮，即使沒有足夠的人力在身體上折磨納格莉，也要讓她承受心理上的折磨。

他們運用同樣的手法來讓這種折磨更難受。其中一項是納格莉所謂的「潛水艇」，在一個水槽裝滿最噁心的臭水、尿液、糞便和其他垃圾，她被捆綁，繩子穿過水槽下方的滑輪，她正好在水面上，不定時會被往下急拉到底，她只好憋氣直到脫離水中惡臭為止。她每次在水裡的時間都不同，離開水面可以換氣的時間也不一定。

她說對她而言，不可預測比任何事都難熬：我還要多久才能呼吸？還要憋氣多久？我能憋得了那麼久嗎？

從新聞聽到或讀到人類的殘酷是一回事，但與納格莉並肩而行聽她述說其他人如何凌虐她，則是我前所未有的體驗。

一個人要如何對另一個人下手做這種事？

想活下去的力量從哪裡來？

需要極大的勇氣才能對陌生人重述這個故事——要勾起回憶，還要承受這個聽眾的反應。

納格莉的勇氣、修養和尊嚴讓我著迷不已，由於她拒絕保持沉默，為我開啟了一個不曾意識到的世界，展現了一套讓我意想不到的人類特質和行為。

納格莉給我的不只是驚悚的故事細節，還有相當關鍵的啟發，讓我從全新的角度看待人類復原的能力。

會讓我真的想拍成電影的其中一個概念是所謂的「佼佼者」，我想知道必須如何才能真正成為某個領域的佼佼者——不只是警察，而是局長；不只是情報人員，而是中情局局長；不只是辯護律師，而是頂尖律師貝利。這是我好奇心的主軸，也是我在每部電影以某種方式傳達的主旨，我希望這些故事能觸及各種人類經驗範圍，裡面的主角通常很奮力要達到功成名就、或是力爭上游想要成功。對一個父親、美國總統、饒舌歌手或數學家而言，成功看起來究竟是什麼樣子？成功是什麼**感覺**？

納格莉確實衝擊了我對於「佼佼者」的想法。在我見過的人當中，她面臨的個人挑戰最可怕，最巨大，但也最基本。她並不是要解決數學方程式，而是要生存，努力在那些聰明邪惡、亟欲摧毀她的人手上存活下來。

對納格莉而言，沒有人幫忙救援，必須隻身面對最可怕的對手——配備武器的同胞。能仰賴的只有她的理智和體力，唯一能依靠的人就是自己，沒有其他的資源，她必須向內尋求所需的技巧，以承受發生在身上的事，在眼罩底下，連即將面臨什麼情況都看不到。

在史汀家第一次見到納格莉後，我又另外跟她見面聊了幾次。過了一段時間，我才明白她找到了自己內在的能力，這是我們大多數人從來不曾探索的部分，更別說去依賴它了。

堅持下去的唯一方法是沉著冷靜，能把自己與發生在自己身上的事分開。

納格莉很清楚，若要熬過折磨，必須讓自己從當下經歷的現實中抽離，讓大腦放慢速度，讓自己放慢速度，也就是一般人所說的「心流」（flow），在寫作、衝浪、攀岩、跑步，或完全沉浸在某件事當中體驗到的狀態。

納格莉告訴我，在那八個月當中，日復一日每小時持續受折磨，若想存活下來，只得讓自己進入心流狀態，不過是另一種現實的心流狀態，告訴自己另一個故事。這就是她存活下來的方法，她不能控制外在世界，但能控制自己對它的心理反應。

這個心理機制讓她能存活下來，其實這也是說故事的機制，你必須找到一個不同的故事而且自我催眠，引領自己脫離苦難。

納格莉的故事非常引人注目，我們試著將它放進電影《叛國作家》（*Closet Land*）中，劇中只有兩個角色，一個女人和她的施虐者，這種電影通常會吸引一小群觀眾，因為內容非常緊湊、冷酷無情。但我之所以想製作這樣的電影，為的是讓觀眾深入理解受虐者的心情，地球各地都不乏酷刑，我希望大家能正視這個現象。

納格莉無疑是善用心流的佼佼者，讓我獲益良多，我將這些收穫應用在其他許多電影和影集裡角色的心理狀態。我第一次讀到太空人洛威爾敘述阿波羅十三號太空艙裡發生的爆炸和危機時，無法真正理解太空船、軌道力學等細節，也不懂燃料、二氧化碳和脫離大氣層等問題，但我立刻聯想到洛威爾傳達了一種受困的感覺，被困在一個外在環境下，非生即死，他和其他太空人在裡面都失控了。他們不得不採用像納格莉的思維模式，告訴自己另一套故事，才能獲得心理上的力量平安回到地球，我覺得納格莉對那部電影也貢獻良多。

你可能以為納格莉經歷了這些苦難後，會變得氣餒、憤世嫉俗，缺乏某種基本的生存欲望。她完全不是那種人，她活力十足，充滿智慧，顯然具備一股內在力量，雖然不活潑樂天，但擁有無比強大的能量。

她有著難以置信的心智能力，讓她能藉此心理力量存活，這就是我迫切渴望得知的情緒層面因素。拯救納格莉的是她的個性、人格特質，以及她能告訴自己的故事。

* * *

好奇心能把你拉回現實。

我生活的兩個世界互相重疊，但都離現實很遙遠：一個是好萊塢演藝圈，另一個是說故事的世界。在好萊塢，我們有種位於世界中心的感覺，大家創造力的成果觸及了每個美國人，以及世界其他地方的許多人。我們與有權勢的知名演員和導演打交道，在好萊塢，有權勢指的是可以要求更高的片酬、指揮成群的工作人員和技術人員、選擇自己想參與的作品、重新打造全新的世界，甚至可以列出稀奇古怪的條件，像是想吃的食物等。我們的計畫牽涉到巨額資金，比如說要先取得一大筆資金才能讓計畫完成，而等到電影或電視節目推出後，廣受歡迎則可賺進一大筆鈔票，計算單位往往達上億美元，我們現在絕對進入了十億美元票房系列電影（billion-dollar film franchise）以及十億美元演藝生涯的時代。[2]

因此，好萊塢對於我們所做的事絕對有其重要性，而我們對於演藝人員的影響力也不容小覷。

我們創造的效果過於生動逼真，因此說故事時的確會忘了故事與真實世界之間的差異，牽涉到的金錢是真實的（風險也是真實的，而且往往很高），至於其他部分當然是為了提供娛樂的虛構成分。

關於紐約太平間的喜劇《銷魂大夜班》裡，沒有任何屍體。

關於製作體育新聞節目的電視影集《體育之夜》（*Sports Night*），並沒有涉及任何體育賽事、選手和新聞。

關於走私毒品殘酷現實的電影《美國黑幫》，完全不涉及實際的毒品或暴行。

即使是在偉大的愛情故事裡，基本上沒有人墜入愛河。

重要的是，說故事這件事本身並非真實，看起來也許很逼真，但事實不然。你下班回到家跟配偶述說一天的「故事」時，會重新改編這九小時內發生的事，特別凸顯出有戲劇效果的部分，讓你自己這個角色成為核心，刪除枯燥乏味的劇情（可能佔了九小時中的八小時）。即使如此，你還是陳述了一個在你真實的一天中發生的真實故事。

在電影和電視裡，我們總想要描述真實的故事，不論是由真人真事改編的《請問總統先生》，或是孩子童話世界裡的《鬼靈精》，這些故事都需要讓人在情感上覺得「逼真」，在主題上逼真，卻不見得真的建構在事實上。現在有個網站，特別針對聲稱以真實事件為背景的電影，列出所有我們「出錯」的細節——在其中，你可以看到《地心引力》（*Gravity*）和《怒海劫》（*Captain*

Phillips）裡與現實不符的地方。《阿波羅十三》上映的時間是一九九五年夏天（那時還沒有Google網站），但你現在可以在好幾個網站上，看到網友討論這部電影裡許多與真實救援的不同之處。[3]甚至還可以看到二〇一四年羅素克洛（Russell Crowe）主演的電影《挪亞方舟》（*Noah*）與聖經上挪亞之間的差異，也就是電影內容與聖經上神話人物「真實」故事的差異。[4]

事實是，我們為了想說出擄獲人心的偉大故事，往往會稍微扭曲故事內容，其實我們每天製作電影或電視節目時都在扭曲故事，如此一來才能營造出迫切感、或是稍微加快步調。有趣的是，這麼做雖然能讓故事看起來比較逼真，實際上卻是更偏離「事實」。我們大家都是說故事的人，而且從小學三年級開始，就學會分辨經過加油添醋的改編故事，與百分之百符合事實的故事不同。

好萊塢的急迫性和魅力讓人容易毫不自覺陷入，這是個封閉的世界（我們位在加州，與華盛頓特區和紐約等重要決策中心相距甚遠，顯得更與世隔絕），很容易落入一集接著一集的說故事世界。

好奇心把我拉回現實，向生活在電影界以外真實世界的人問問題，足以提醒我除了好萊塢外還有其他的世界。

如果你願意，可以製作許多關於戰爭、軍事、革命或監獄的電影，但這些就只是電影罷了。發生在納格莉身上的不是電影，而是事實——她的痛苦和生存。

* * *

如果你在看一部非常吸引人的電影，此時會發生什麼事？我說的是那些會讓你忘記時間的電影，除了銀幕上主角的命運和他們的世界外，其他一切彷彿都不存在，等你走出電影院，踏上人行道的那一刻，感覺恍若隔世，重新進入現實世界，心想：「哇，這是星期天下午，現在是春天。」

你在狂看最新一季《發展受阻》（*Arrested Development*）或《紙牌屋》（*House of Cards*）等影集時，是什麼原因讓你一再按播放鍵，連續看了六集？

你在讀一本書時，是什麼因素讓你一直坐在椅子上，一頁接著一頁看下去，捨不得放下書本上床睡覺？

美國全國公共廣播電台（National Public Radio）非常清楚自家電台說故事的魅力，他們知道人們通常會開車回家，把車停在家門口的車道上，關掉引擎，坐在車裡把某個特定的故事結尾聽完，全國公共廣播電台稱之為「車道時刻」（driveway moments）。[5]為什麼會有人先把廣播裡最後三分鐘的故事聽完，再進家門和家人吃晚餐呢？

答案是好奇。

好奇心讓你繼續把書翻到下一頁，讓你想要再看一集，讓你坐在電影院裡暫時忘記時間、日期和天氣，好奇心創造了全國公共廣播電台「車道時刻」。[6]

若要說出偉大的故事，好奇心是其中重要的一環，讓故事能吸引你的注意力，打造出無法抗拒的魅力，讓人忍不住要問那個簡單的問題：接下來會發生什麼事？

好故事往往具備各種強大的要素：例如迷人的主角陷入了有啟發性、意義深遠或戲劇張力十足的困境；演員精湛的演技，一流的劇本，逼真的音效；情節高潮迭起，十分緊湊，讓觀眾彷彿置身故事的場景；創造了一個你毫不費力就可以進入的世界，然後在其中渾然忘我。

但這一切都是為了一個目標：讓你在乎。你會說你很在乎角色或故事，其實真正在乎的是接下來會發生的劇情，結局會如何發展呢？錯綜複雜的劇情要如何抽絲剝繭呢？糾結的人際關係要如何一一處理呢？

一個故事可能會讓人牢記它想傳達的重點，也可能不會；一個故事可能會提供娛樂效果、扣人心弦、讓人覺得有趣、悲傷、不安、甚至憤怒，但也可能不會。

如果你沒有看完整個故事，上述這些目的都毫無意義，你必須真的去看電影或看書，而如果沒有堅持看到最後，故事的重點究竟是什麼也無關緊要了。為了達到這樣的效果，一個故事必須要能讓你繼續坐在椅子上，無論你是拿著平板看電子書，或是坐在車內把手放在收音機按鈕上，還是坐在電影院裡。

好故事的首要之務就是激發好奇心。

想想看，你有多少次是因為看到很棒的標題，提到你關心的主題，才閱讀報紙或雜誌上的某篇報導，結果讀了幾段後擱置一旁，心想：「故事內容實在配不上這個標題。」

好奇心像是引擎，能為好故事提供動力。但我認為這兩者間還有更強大的關連。說故事和好奇心兩者缺一不可，絕對互相增強，為彼此注入一股力量，但不只如此，好奇心有助於創造出好故事，而說故事必然能激發好奇心。

光從個人的角度，好奇心提供了樂趣和滿足感，但與人分享你學到的事物能放大好奇心的價值和樂趣。如果你去動物園看到了剛出生的貓熊寶寶，或是花三天到佛羅倫斯（Florence）欣賞文藝復興時期藝術，回家後會迫不及待告訴家人朋友這趟旅行的「故事」。我們在早餐看報時，會把最驚人的新聞花絮大聲讀出來，推特（Twitter）上大半的內容都在分享：「看看我剛才讀到的——你相信這種事嗎？」某個人在推特發表文章，就彷彿這個人認為旅程中看到值得分享的有趣內容——透過網路讓其他人點進文章觀看，滿足好奇心。

如果回頭看看最早期的原始部落，故事傳達的訊息內容攸關存活。比如說，發現附近有泉水的人必須傳達給族人；要是母親發現一頭虎視眈眈的獅子在跟蹤她閒晃的小孩，也必須告訴其他人；第一個找到野生馬鈴薯和想出如何食用的人也必須分享這個訊息。

好奇心很偉大，但如果我們學到的東西沒有留存下來，充其量不過是自己擁有的經驗，對我們沒有實質的幫助。

好奇心本身是生存的必要條件。

而人類發展的動力來自於有能力分享我們學習的成果，然後不斷累積。

這正是故事的起源：分享而得的知識。

好奇心促使我們去探索和發現，說故事讓我們能分享學到的知識和從中得到的興奮感。在說故事的同時，又激發出聽眾對故事內容的好奇心。

如果你聽到附近有泉水，可能立刻感到很好奇想要親自找到它。如果你聽說馬鈴薯這種新食物，也許會好奇能否烹煮、味道如何。

即使是能帶來情緒上滿足的現代故事，也往往讓人好奇不已。看了朗霍華的《阿波羅十三》後（結局令人十分滿意），有多少人會想更了解那次任務？阿波羅計畫？或是太空飛行？

有個行業確實結合了好奇心和說故事：新聞，這就是記者的工作內容。但本質上我們大家都是說故事的人，都是自己人生和人際關係裡的記者和小說家。使用推特、**Instagram**和部落格，都是以現代的方式說：「這是我生活中發生的事。」晚餐時家人圍坐在餐桌分享一天的所見所聞，不也有同樣的效用嗎？

故事的力量大半來自於情感上的重要性，這就是幽默、樂趣、興奮和難忘之處所在。我們有一部分的行為是仿效故事中的人物——無論是一群六年級女生午餐時從同學口中聽到的故事、軟體工程師述說產品不受新客戶青睞、或是從珍・奧斯汀（Jane Austen）的小說《理性與感性》（*Sense and Sensibility*）中讀到的內容。我們透過故事學習這個世界，了解其他人和他們腦中的想法，以及這些想法與我們之間的差異。

從我們出生的那一刻、從早上醒來的那一刻起，每天的生活都充滿了故事。即使睡覺時，大腦也在對我們說故事。

有個關於地球生物的大問題尚無解答：那就是相較於其他動物，為什麼人類的智力和社會能進展如此神速？

也許是具有可以與其他指頭對握的大拇指。

也許是大腦的尺寸和結構。

也許是語言。

也許是知道如何生火和用火。

但也許讓人類與眾不同的是說故事的能力，我們的好奇心和說故事能力經常自動相連，如同荷蘭藝術大師莫里茲・柯奈利斯・艾雪（M. C. Escher）畫作中的螺旋一般。故事和好奇心像鏡子般互相反射，這兩者讓我們有別於其他生物，而且能成功。

＊　＊　＊

在成長過程中，我的閱讀能力一直很弱。

小學中低年級時，完全無法閱讀，我看著書上的文字，但不知道意思，沒辦法唸出來，無法把印在書上的符號與每天使用的語言結合在一起。

在我小時候的五〇年代，到了三年級還無法閱讀只有兩個原因，要不是很笨就是很固執。但我只是覺得困惑沮喪，總是擔心上學。

我小學三年級時，還沒有人談論閱讀障礙，因此也沒辦法真正幫助這類學童，一直要過了十年後，大家才開始正視這個問題。在今天，我可能會被歸類到這個族群。

正因如此，我在小學的成績常常不及格，偶爾六十幾分。外婆桑妮雅·施瓦茲（Sonia Schwartz）是我的救命恩人，她是典型的猶太人，身高約一百五十公分，她總是告訴我說我很特別。

我的母親很難過，兒子三年級的學業竟然沒通過！她幫我找了一個閱讀家教，慢慢教我把書上的字母和單字圈起來。相反地，外婆則是老神在在，兩人的態度簡直有天壤之別。

外婆只是不斷告訴我：「你很好奇，有好奇心是好事，要大膽去想！」外婆看到的東西超越了成績單，彷彿能看穿我的腦袋，她知道我和其他小孩一樣渴望學習，只是碰上了困難無法滿足學習的欲望。

外婆真的幫我成為夢想家。她對我說：「別讓制度替你貼標籤，你已經有個標籤了——你很好奇！」

「別讓制度替你貼標籤！」能對小學生說出這句話真不簡單，但感謝上帝她當時說了。外婆教了我很多事，但其中最重要的是，你真正需要的是一個能支持你的人。

要是你無法閱讀，下了苦功學習成效也不彰，此時會發生兩件事。首先，在學校裡你會躲起來，如果你不能閱讀，在課堂上就不能回答老師的問題，所以我總是刻意迴避不敢舉手，想變成隱形人，避免被羞辱。

其次，一旦閱讀成了苦差事，你就無法像其他人一樣，輕輕鬆鬆從閱讀中學習事物，而且也與故事絕緣。對多數人來說，閱讀只是個不必花腦筋的工具——閱讀常常提供了喜悅和樂趣，除非內容過於艱澀，有時則不易達到此效果。但一般而言，閱讀幾乎總是偉大故事的源泉。

可是對我來說，閱讀本身實在很困難，我無法像許多小孩（當然還有成人）一樣，為了樂趣一頭栽進書堆裡，任由作者帶領我走進全然不同的世界。要是對太陽系、鯨魚、亞伯拉罕・林肯（Abe Lincoln）總統等主題感興趣，也不能像其他小學六年級學生一樣，到圖書館借一堆相關主題的書籍來看。

我必須為自己想學的東西找尋資源，還得加上無比的耐心和決心。

中學時，我的閱讀能力逐漸改善，如果我之前罹患的是閱讀障礙，隨著時間似乎擺脫了這個問題。長大後我會閱讀——讀劇本、報紙、書籍、雜誌、備忘錄和電子郵件，但每讀一頁文字都備感吃力，毫不輕鬆。我認為，對我這種有閱讀障礙的人來說，閱讀有點像是數學與多數人之間的關係：你必須非常努力將問題深植在腦海中，直到讓問題本身慢慢失去焦點為止。即使我現在六十幾歲了，為了閱讀必須付出的努力，確實剝奪了一些我可能從中得到的樂趣。

儘管我與閱讀這件事搏鬥許久，但難能可貴的是，我仍然保留了兩樣重要的東西：我在學習上找到的樂趣，以及我對於故事的熱情。小時候，我曾是那個想盡辦法不要在課堂上提問的學生，而現在的我求知欲極強，逮到機會就發問，讓當事人自己發現答案。

孩提時代，我對於伴隨其他孩子成長的青少年經典小說興趣缺缺，例如《飛天巨桃歷險記》（*James and the Giant Peach*）、《夏綠蒂的網》（*Charlotte's Web*）、《沙丘》（*Dune*）、《時間的皺摺》（*A Wrinkle in Time*）、《麥田捕手》（*The Catcher in the Rye*），但我後來從事的工作是創造出同樣吸引人的故事，只不過是在銀幕上。

我喜歡好故事，而且最喜歡它們以原始的方式呈現——大聲說出來。正因如此，好奇心對話對我而言一直很重要，帶來了很多樂趣。我在前面已經敘述了一些比較特別的對話情境，不過大部分對話都發生在我的辦公室，其中一些就像在讀《華爾街日報》（*Wall Street Journal*）的頭條新聞一樣，完美呈現出某些具體內容，讓我永生難忘。

我對禮貌和禮儀一直非常感興趣：什麼是正確的行為舉止？用什麼方式對待別人比較適當？由誰開門或是桌上的銀器如何擺設為什麼很重要？

我邀請麗堤蒂雅．鮑德瑞奇（Letitia Baldrige）進行對談，這位傳說中的各類禮儀專家因擔任賈桂琳．甘迺迪（Jacqueline Kennedy）的社交祕書而聞名，她讓甘迺迪的白宮變成了藝文中心。鮑德瑞奇原本在蒂芙尼公司（Tiffany & Co.）上班，後來才去白宮，接著在報紙專欄上刊登許多關於現代禮節的文章，也出書論述。她身材高大（比我高很多），我們見面時她已滿頭白髮，優雅地走進我的辦公室，看起來極有威嚴。

鮑德瑞奇讓我理解了「禮貌」（manners）和「禮儀」（etiquette）之間的差異，在這之前我對兩者如何區分沒什麼概念。

禮貌是我們對待其他人真正的基礎，出於同情、同理心，為待人接物的「指導原則」，簡單來說，禮貌會讓人覺得受歡迎、舒適和尊重。

禮儀是一套讓你行為舉止更有禮貌的技巧，可說是附帶的結果。你邀請某人參加聚會的方式、對人打招呼的方式、把他們介紹給在場的人的方式、或是替某人拉椅子的方式都會帶來不同的結果。

禮貌是你想要表現出來的方式、想要給人的感受。禮儀則是利用一些細節，以優雅和窩心的方式讓人感受到溫暖。

我喜歡這種區分方式。對我來說，清楚說明了禮貌和禮儀的定義，讓人更容易理解、更實用。我每天都用一些鮑德瑞奇教我的東西，比如說，替伴侶開車門不是因為她不能自己開，而是因為你愛她；以特定方式擺設桌上的銀器，是為了讓賓客覺得舒適和安心，晚餐時會更自在。

如同鮑德瑞奇告訴我的，你想傳達的熱情好客、貼心等感覺，遠比遵守特定規矩來得重要。你可以按照規矩行事，但如果是用輕蔑的態度去做，那麼就算你的禮儀很「完美」，仍然讓人覺得很魯莽。

不是每段對話都如此實用。我很喜歡的一個談話對象是謝爾頓．格拉肖（Sheldon Glashow），乍看之下，他與禮儀專家鮑德瑞奇似乎相差十萬八千里。這位哈佛大學（Harvard）物理學家於一九七九年獲得諾貝爾物理學獎，當時他四十六歲，得獎的是他在二十八歲時提出的理論。

我們請格拉肖從哈佛搭飛機到洛杉磯。他在上午時間來到我的辦公室，對於能見到在電影界具有影響力的人，似乎感到既高興又新奇，我也深有同感，滿心期待見到科學界地位如此崇高的大人物。

格拉肖在二〇〇四年前來拜訪，當時他七十二歲，是現代粒子物理學界的佼佼者。原本物理學家認為自然界有四大基本力量，他率先提出實際上可能只有三種，「統一」了弱核力和電磁力（另外兩種是強核力和重力）。

我喜歡在腦海中縈繞著粒子物理學，就像有些人喜歡了解複雜的地質、外匯交易或撲克牌遊戲，這是個神祕難懂的世界，有其獨特的語言和符號，從表面上來看，粒子物理學彷彿是另一個不同的宇宙，然而，這也是我們生活於其中的宇宙，夸克、強子和電弱力都與我們密不可分。

格拉肖走進我的辦公室，表現得非常熱情大方。我是個外行人，但他很樂意向我解釋粒子物理學現在的進展。他有著教授的風範，耐心十足，很討人喜歡，如果你不明白某個內容，他會再以其他方式解釋。

格拉肖是老師，也是科學家，獲頒諾貝爾獎的那個早上，他還不得不取消上午哈佛大學部十點的課，內容正是粒子物理學。

格拉肖對於電影產業很好奇，顯然也很喜歡電影。在《心靈捕手》（*Good Will Hunting*）裡有關數學的部分，他幫了麥特戴蒙（Matt Damon）和班艾佛列克（Ben Affleck）很大的忙（他的名字出現在電影最後的致謝名單中）。

格拉肖與泰勒有天壤之別，他舉雙手歡迎談話的機會，為了這次訪談犧牲了兩天的時間，而且對每件事都很感興趣。一般而言，我們通常會安排一、兩個小時的談話時間，但格拉肖跟我聊了四小時，感覺一眨眼時間就過去了。我陪格拉肖走出辦公室時，心裡只想著下次還要再找他聊一聊。

一位才華洋溢的記者，必然能把我從鮑德瑞奇和格拉肖身上學到的事，寫成報章雜誌上一篇篇精彩的故事，但對我而言，得花一番功夫辛苦閱讀，而且可能會因此失去其中的樂趣。

我的好奇心對話顯然是項特權，這一點我心知肚明，多數人終其一生都無法打電話邀請別人與他們談話。但我後來發現這種面對面交談的方式讓我獲益匪淺：在電視上看到或讀到關於某個人的報導，與見到本人的感覺截然不同，不是只有我這麼認為，許多人也都如此。唯有與一個人握手和直視對方的眼睛，能讓你確切感受到他鮮明的個性和能量，聽對方親口說故事，為我帶來一股真實的情感力量，難以忘懷。這種學習不需要特別教導，完全是透過說故事學習。

那種面對面的直接接觸會讓你出乎意料，鮑德瑞奇和格拉肖都讓我大吃一驚，與我事先想像的差距頗大。

鮑德瑞奇把焦點放在禮貌，而非禮儀。從她過去的經驗看來，無論是蒂芙尼公司或白宮國宴等重要場合裡要求的高標準禮儀，其實目的都是希望人們善待彼此。她是知名的規則制定專家，但對她來說，禮貌與規則毫不相干，而是與親切仁慈和善盡待客之道有關。

格拉肖擅長的科學領域非常困難，不論是以前或現在，在高中畢業**後**都還需要花多年的時間持續學習，才能開始在該領域有所進展。然而他的心胸寬闊，完全不同於以往科學家給人的刻板印象，不是活在自己的世界而無法親近。與這位優秀的理論物理學家談話後讓人神清氣爽，他十分融入外在更寬廣的世界。

我的重點是，你不需要真的透過預約，與白宮社交祕書或諾貝爾獎得主坐下來交談，才能擁有這樣的體驗，舉凡公司的新進人員、觀看兒子足球比賽時站在你旁邊的家長、飛機上比鄰而坐的陌生人、或是參加同業大型會議的與會者，這些人都有故事可以說。給你自己一個大吃一驚的機會，絕對能獲益良多。

* * *

我在好萊塢的一次晚宴上見到了康朵麗莎·萊斯（Condoleezza Rice），我一直對她很好奇。她是位古典鋼琴家，在史丹佛大學教授政治，後來成為教務長，而且曾擔任布希（George W. Bush）

總統四年的國家安全顧問和四年的國務卿。她氣勢不凡，由於擔負重責大任，看起來總是很鎮定，甚至很冷靜，還傳達出運籌帷幄的感覺。對我來說，她就像是女超人。

我遇到她的那頓晚餐是在二〇〇九年，她剛從國務卿的職位退下不久，正好坐在我對面。萊斯身旁仍有隨扈，但她很願意與人交談，要是你近距離與她接觸，會看到她眼中彷彿有道光芒，這是她在電視上講話時看不到的。晚餐即將結束時，我對她說：「我可以打電話給妳嗎？或許我們可以找個時間一起吃午飯。」

她笑著說：「當然好。」

不久後，我們到佳能大道（**Cañon Drive**）上的伊巴爾迪（**E Baldi**）吃午餐，這是好萊塢知名的義大利餐廳。她與隨扈人員搭車前往，我們坐在小餐廳唯一的包廂裡。

萊斯一派輕鬆、十分親切，但我認為我對她的好奇更甚於她對我的好奇。

我告訴她我們正準備拍一部電影，叫做《卡特爾》（*Cartel*），內容是描述一個男人因妻子被墨西哥販毒集團凌虐致死，一心想要報復。電影場景設在墨西哥，正是集團暴力的大本營，我們打算幾個月後到墨西哥拍攝。原本預定由西恩潘（**Sean Penn**）擔任主角，但他不能配合，於是改由喬許·布洛林（**Josh Brolin**）主演。我很擔心這次的電影主題過於敏感，大肆批評卡特爾這類壟斷行為，而且拍攝地點是在法官被斬首的國家。

我告訴萊斯，電影公司的安全部門評估說，我們預定在墨西哥拍攝的地區應該沒問題，她聽了後一臉懷疑，對我說：「我認為這麼做不安全。」

《卡特爾》陷入膠著，我們已經花了一些錢，公司認為安全無虞，但我每天在報紙上看到的新聞都透露出不同的訊息，對於安全的疑慮揮之不去。我問自己：「我會親自前往這部電影在墨西哥的場景嗎？」老實說，我覺得不會，如果我不去，又怎麼放心派其他人去呢？我真的需要另一位專業人士的觀點。

萊斯在我們這頓午餐後，又花時間調查研究，後來她跟我說：「不行，你們打算要做的事不安全。」

對於我和公司而言，這個訊息宛如最後一根稻草，我們最終放棄了這部電影，完全沒有到墨西哥拍攝。回想起來，我很擔心有人會被殺害，我學會了要留意那些直覺和偶爾縈繞在心頭的疑慮，也學會了面臨較大的風險時，一定要發揮好奇心尋求真正的專業意見。我認為製作一部關於販毒集團的電影，且拍攝地點就在這類活動如此猖獗的國家，實在是災難一場。

如果沒有好奇心，我也不會在工作上發揮所長，好奇心可說是與我工作中的每個環節息息相關。但也有許多人認為，除非是醫生或警察等工作，否則一般職業不需要用到好奇心，也不把好奇心視為基本條件。

稱職的理財規劃師需要洞悉市場波動，幫客戶規劃退休基金，但他也應該要好奇。

稱職的房地產經紀人需要了解市場，知道有哪些房子目前或未來可供出售，但他也應該對客戶感到好奇。

都市規劃人員必須要有好奇心，廣告公司主管、管家、健身教練、汽車技師、好的髮型師，也都需要有好奇心。

無論在何種情況下，好奇心都與故事脫離不了關係。你的人生故事是什麼？你希望金錢、新房子或新髮型如何幫你改寫這個故事？幫你敘述這個故事？

我們似乎覺得這類型的好奇心過於稀鬆平常，根本不需要談論。我認為過去的確如此，但在目前整個社會，人與人的基本互動變得非常制式化，純粹依循固定的內容，比如說，與客服人員在電話中的對談、透過對講機和得來速的服務人員講話、旅館櫃台人員「訓練有素」的迎賓說詞等——好奇心已無生存空間。

好奇心會被視為脫稿演出，不按牌理出牌。

不過，這實在完全錯誤。想想看，若要勝任髮型師這份工作，需要的技能包括了解基本的頭髮知識、頭型和髮質種類，還得加上創意，才能替顧客設計出量身定做的髮型，此外，也包含一項重要的人性化因素。身為顧客的你，希望髮型師對你感興趣，問你頭髮對你的意義，會在意你從椅子站起來後希望呈現的外型和想要的感覺。你也希望在洗髮、剪髮和吹髮過程中，髮型師會和你聊天，問一些雙方都能樂在其中的問題（或希望髮型師能覺察到你根本不想說話）。

最棒的事情是，這種看似平常的好奇心對髮型師和顧客都有好處。顧客剪了她想要的髮型，能呈現出最佳自我，幫她述說她的故事，而且也得到了輕鬆有趣的剪髮體驗。髮型師則避免陷入一成不變的工作，能得知一些關於顧客的事情，藉此大開眼界，了解其他行業的內容，每個坐在椅子上的顧客都提供了縮小版的好奇心對話機會。髮型師幫客人剪出最棒的髮型，同時能讓他們開心，願意繼續上門，並且讓自己的工作更有趣。

剪頭髮的經驗，並不像與建築師坐下來討論你的辦公室如何重新設計、或如何擴建你的房子，但是好奇心和說故事能為例行工作增添一點樂趣和獨特性，偶爾還能讓你學到別人獨特的見解。

如果禮儀的作用像是潤滑劑，讓大家能和睦共處，好奇心則像是可調味的塔巴斯科辣椒醬（Tabasco），讓我們每次與人互動時，都能喚醒自己、建立連結、產生意義。

4 好奇心給你超級英雄般的力量

「好奇心比勇氣更能戰勝恐懼。」

——詹姆斯・史蒂芬斯（James Stephens）[1]

我坐在紐約市麗思卡爾頓酒店（Ritz-Carlton）的酒吧，面對中央公園，和我在一起喝飲料的男士，兩頰有著像前總統馬丁・范布倫（Martin Van Buren）一樣濃密的鬢髮，他就是艾西莫夫，這位著作豐富的作家引領當代美國人進入科學和科幻小說的世界。

當時是一九八六年，《美人魚》已上映一陣子，廣受好評，我想乘勝追擊，藉著電影的成功更積極投入好奇心對話。

艾西莫夫當然是個傳奇人物。我們見面時他寫了三百多本書，直到他一九九二年去世時，這個數字增加到四百七十七。他的寫作風格清晰易懂，能將各種複雜的主題化繁為簡，往往讓人忽略他有多聰明。雖然從沒有人稱他為「艾西莫夫博士」，但是他有哥倫比亞（Columbia）的化學博士學位，在靠寫作為生之前，曾在波士頓大學（Boston University）醫學院教授生化學。

大多數人都知道艾西莫夫擅長說故事，而且是位預言家，能預測科學與人類的互動和想像未來，作品包括《我，機器人》（*I, Robot*）和《基地三部曲》（*The Foundation Trilogy*）。但其實艾西莫夫寫的非小說比小說還多，關於數學有七本，天文學有六十八本，一本生化學教科書，以及《光合作用》（*Photosynthesis*）和《微中子：原子中的幽靈粒子》（*The Neutrino: Ghost Particle of the Atom*）。他也寫了聖經（兩卷）、莎士比亞和《失樂園》（*Paradise Lost*）等文學作品的導讀指南。他像小男孩一般調皮愛開玩笑，寫了八本幽默風趣的打油詩集，包括《好色打油詩》（*Lecherous Limericks*）、《好色打油詩續集》（*More Lecherous Limericks*）、《好色打油詩第三集》（*Still More Lecherous Limericks*）。在過世前十年，他每年至少寫十五本書，寫書的速度比多數人（包括我在內）的閱讀速度還快。[2]

艾西莫夫博學多聞，是個無師自通的天才，天生就會說故事，誰不想和他坐下來聊個一小時？

我們在麗思卡爾頓酒店見面時，艾西莫夫的第二任妻子珍妮特．傑普森．艾西莫夫（Janet Jeppson Asimov）一同前來，她是位心理醫生，具有史丹佛和紐約大學的學歷。我覺得她比他更嚇人，艾西莫夫看起來很輕鬆，妻子較有警戒心，她儼然是老闆，或至少是他的保護者。

他們兩人都點了薑汁汽水。

我們開始聊天，顯然不太順利，我也不太清楚到底有多糟。才過了十分鐘，他們兩人連薑汁汽水都還沒喝完，艾西莫夫太太突然打斷我們的談話。

她起身說：「你還不夠了解我先生的作品，沒辦法再談下去了，根本是浪費他的時間，我們要走了，來吧，艾西莫夫。」

就這樣，他們起身離開，留下我一個人坐在那裡，一臉錯愕、驚訝地合不攏嘴。

我精心安排，要與這位當代最詼諧有趣、創意十足、產量豐富的說故事專家見面，結果竟然不到十分鐘，就讓他無聊透頂（或至少是讓他高度警覺的太太感到無聊），實在忍不住而必須逃離我枯燥乏味的無底洞對話。[3]

在我一生中，從不曾像這樣感覺被打了一巴掌，而且對方其實並沒有真的碰到我的身體。

實際情況是：艾西莫夫太太說得沒錯。

我花了幾個月的時間才讓他們願意出來見面，但她看穿了我，直言不諱，我沒有做好足夠的準備與艾西莫夫交談。他同意要花一小時與我一起坐下來聊天，對他來說，可說是犧牲了寫一整個章節的時間，但我並沒有對等地尊重他，沒有花足夠的時間去了解他，或是說，把《我，機器人》從頭讀到尾。

那次見面前，我對艾西莫夫已心生恐懼，很怕自己才疏學淺，無法和他順利對話，沒想到果真如我所料。但我當時還不夠聰明，不知道如何利用好奇心管理恐懼。

我再也不會犯那種錯誤。

我後來學會了在兩個非常重要的方面依賴好奇心：第一，用好奇心戰勝恐懼。

我有一大堆一般常見的恐懼。

我害怕公開演講。

我不太喜歡正式的社交場合，擔心無法樂在其中，到最後會感覺被困住，或表現出來不像其他人期待的那麼有趣。

現在，要是你花一分鐘思考我上面列出的恐懼，應該會想我根本選錯了職業。我的生活和工作有一半的時間必須到某個地方演講，在大型社交場合裡，與有點熟但其實不太熟的重要人物打成一片。

由於我稍微害怕有權勢的人，也對知識分子有點恐懼（偏偏我很希望能邀請這類人來參與好奇心對話），看起來我這種精心設計的生活，會讓我從早上一睜開眼睛就焦慮不已。

除了用好奇心來解決我的恐懼，我還會用它來增強信心，無論是用在我的點子、決定、願景以及自己身上。如前所述，在好萊塢最常聽到的就是「不行」，與其在著名的地標好萊塢山掛上「好

—萊—塢」這幾個字，還不如掛上：「不—行—不—行」！

最近，有個野心勃勃的電影製作人到我的辦公室開會，他對我說：「哇！你好酷，從來沒有人會對你說『不行』。」

他真傻，每個人都對我說「不行」，現在**仍然**如此，只是看起來恰好相反而已。

大家當然很**喜歡**我，「答應」與我碰面。

他們說：「請來我家吃晚餐。」有時候他們說：「這個行程很酷，請跟我一起去玩。」讓我覺得飄飄然，真的很看得起我。

但是，如果我想做點有創意、主題比較敏感尖銳的東西，譬如說，我在二〇一四年幫忙策劃一個關於中世紀劊子手的電視影集，或於同年推出一部關於詹姆士布朗（James Brown）對美國音樂界影響的電影，過程中還是聽到很多的「不行」。只不過最近他們在拒絕時，還會再把手放在我的肩膀上笑一笑。

你要學會打敗「不行」。

好萊塢的每個人都必須打敗「不行」，如果你在矽谷寫程式、在底特律設計汽車或在華爾街管理對沖基金，也必須學習打敗「不行」。

面對「不行」大家的反應不一，這裡的一些人會施展魅力。

有些人能言善道，有些人據理力爭，有些人低聲下氣。

如果我的計畫需要別人支持，我不想用花言巧語哄騙誘惑其他人加入，而是希望他們也有著與我相同的熱情和承諾，我不希望影響對方的判斷力，我希望他們抱著興奮的心情看待某個點子、電影與角色，唯有如此，才能引領他們度過每個計畫中的難關。

我用好奇心打敗「不行」，用好奇心來想清楚如何讓對方說「可以」，只是與你想像的方式可能不太一樣。

＊ ＊ ＊

我和朗霍華合作的第一部電影是《銷魂大夜班》，那部電影的手法很高明、很煽情，很容易理解，很快就能吸引觀眾，立即能看出喜劇的成分，但我並沒有因為它而晉身為成熟的製作人。事實上，《銷魂大夜班》這部電影的點子，是來自於一九七六年暑假我在《紐約時報》（*New York Times*）上讀到的真實故事。[4]

我和朗霍華合作的第二部電影《美人魚》，才讓我學到在好萊塢製作人究竟要做些什麼，包括描繪出故事的輪廓、募集資金、找尋合作對象、在整個過程中維護電影的品質，但是製作人的首要之務是讓電影能開拍。

《美人魚》的核心，也就是我所謂的故事「觸發點」（ignition point）很簡單：美人魚從海洋到陸地後會發生什麼事？

她會有什麼想法？生活會變得如何？如果我遇到了那隻美人魚會發生什麼事？要如何才能擄獲芳心？她必須放棄些什麼？追求她的人必須放棄些什麼？

《美人魚》最初的劇本是我自己寫的〔我一開始把它取名為《出水芙蓉》（*Wet*）〕。

我還在製作電視影集和迷你影集時〔如《海濱春情》（*Zuma Beach*）和十誡系列影集）〕，就已經想到《美人魚》的點子，《銷魂大夜班》反而是在它之後。我遵循沃瑟曼提供的意見，自己想出一些點子，拿起鉛筆寫在黃色便條紙上，這些才是我擁有的東西。我就像七〇年代洛杉磯電影界其他二十八歲的男生一樣：深受加州女人吸引，我一直想了解她們，沙灘上這些身穿比基尼的女人和沙灘上的美人魚並沒有那麼大的差異。

唯一的差別是：沒有人想要一部關於美人魚的電影。

沒有電影公司感興趣，沒有導演感興趣。

大家都說不行。

就連朗霍華也不想導一部關於美人魚的電影，他不只一次拒絕我。

好萊塢基本上是個規避風險的地方，我們只敢打有把握的仗，才會一直製作賣座電影的續集，有些拍了四集，甚至六集。

似乎沒有人理解一部關於美人魚的電影，畢竟，之前並沒有成功的美人魚電影可供借鏡。

最後發生了兩件事。

第一，我認真傾聽「不行」背後的意涵，必須對於對方拒絕的理由感到好奇。

我會說：「這部電影是關於一隻美人魚，到陸地後遇到了一個男孩，很有趣！」這種說詞沒效。

我會說：「這部電影是關於一隻美人魚，到陸地後遇到了一個男孩，你知道嗎？有點像童話故事。」他們也不接受。

我需要釐清到底大家是對哪一部分說不行，是對喜劇嗎？是對美人魚童話故事嗎？還是針對我布萊恩・葛瑟這個人呢？

結果我發現，是因為我剛開始寫的劇本和介紹方式都過於側重美人魚的角度。

我認為美人魚真的很有魅力、非常誘人（而且不是只有我一個人這麼想——你看，安徒生（Hans Christian Andersen）也寫了童話故事《小美人魚》（*The Little Mermaid*））。好萊塢電影公司的主管似乎很困惑，他們針對美人魚的部分說不行。

於是我心想，好吧！這不是美人魚電影——這是愛情故事！這個浪漫喜劇的女主角是美人魚。我**重新調整**電影內容，同樣的點子，不同的架構。我開始介紹這部電影是個愛情故事，一個男人和美人魚相戀，然後放進一些喜劇成分。

答案仍然是不行，但拒絕的力道稍微弱了一些，至少那些主管一聽到愛情故事的女主角是美人魚都不禁笑了出來。

安西亞・塞爾伯特（Anthea Sylbert）的工作是替聯美電影公司（United Artists）購買電影，她是《美人魚》這部電影的其中一個潛在客戶，我不只一次向她推銷。

有一天她很生氣，告訴我說：「我把你從大門趕出去，你從窗戶跑進來，把你從窗戶趕出去，又從煙囪跑進來。答案就是不行！我不想要這部美人魚電影！」

我苦苦糾纏，讓她很傷腦筋。但是最近她跟我說：「你當時的確是個麻煩，不過不像蚊子，比較像是過度活潑的五歲小孩，很頑皮，我真想叫你坐在角落，安靜一點。」

雖然塞爾伯特嘴巴上說不行，但是她深受美人魚吸引。她說：「我一直對於神話、寓言、童話之類的題材很著迷。」實際上，要把美人魚電影變成美人魚與人相戀的愛情故事並不難，接著輕輕鬆鬆就可以再把它變成美人魚與人的愛情童話故事。

她給了我一些經費，讓劇本能更上軌道，也幫忙聘請小說家兼編劇布魯斯・傑伊・弗里德曼

（Bruce Jay Friedman）改寫我原來的版本。

而我的好奇心也開始在塞爾伯特身上產生作用了，她想知道美人魚的規則。

我不懂她在說什麼，問她：「為什麼我們需要規則？」

她想解釋清楚美人魚在海裡和陸地上的差別（比如說，尾巴怎麼辦？），她希望觀眾觀賞時有規則可循。

「為什麼？」我又問。

她認為如此一來可以把樂趣和童話要素放進去。

此時，突然莫名其妙冒出了第二部美人魚電影——這部電影的編劇是著名的勞勃．湯恩〔Robert Towne，作品為《唐人街》（*Chinatown*）、《洗髮精》（*Shampoo*）〕，導演為赫伯．羅斯〔Herbert Ross，作品為《萬世師表》（*Goodbye, Mr. Chips*）、《仙舞飄飄》（*The Turning Point*）〕，將由華倫比提和潔西卡．蘭芝（Jessica Lange）領銜主演。

對好萊塢來說，一部美人魚電影已經毫無樂趣可言。

現在突然有了兩部美人魚電影，而好萊塢比較認同奧斯卡得獎編劇和獲得奧斯卡提名導演合作的電影，而不是我和朗霍華合作的電影——我們兩人過去只合作過一部電影。

我平常看起來很悠閒，穿著很輕鬆，表現得從容自在，但我一點也不懶散。我這個人聽到窗外有人討論一個職缺，二十四小時後就得到那個工作機會，我可以為了與重要人物的一次好奇心對話，花半年到一年的時間安排，名單包括：沃瑟曼、蓋茨、薩根、泰勒、沙克。

起先十幾個人告訴我，沒有人對美人魚感興趣，沒有人在拍美人魚電影，後來人們的說詞變成：「噢，我很抱歉，我們很樂意拍你的美人魚電影，但已經有人在拍美人魚的電影了，而且是由潔西卡．蘭芝飾演美人魚耶！很酷吧！我們不想跟它硬碰硬。謝謝你來拜訪。」

很抱歉，我不會讓赫伯．羅斯和勞勃．湯恩專美於前，製作我的美人魚電影。

最後，我和朗霍華與迪士尼簽約，與他們旗下的新單位試金石影片公司（Touchstone）合作，該公司成立的目的就是為了讓迪士尼能拍成人看的電影，而《美人魚》正是他們的第一部作品。朗霍華不僅與試金石簽約，還告訴對方他將儘可能緊縮預算，而且發誓要在電影院擊敗赫伯．羅斯的美人魚。

《美人魚》非常賣座，上映後兩週蟬聯票房冠軍，上映十一週都維持在前十名，在當時是迪士尼有史以來賺錢最快的電影。《美人魚》也是第一部非普級的迪士尼電影，我們讓迪士尼的保護級電影大獲成功——可說是迪士尼史上頭一遭。

我們不只擊敗了另一部美人魚電影——它後來根本沒有拍攝。《美人魚》還賺進大筆鈔票，並讓湯姆漢克斯（Tom Hanks）和黛瑞．漢娜（Daryl Hannah）的演藝生涯更加順遂。好萊塢的人本來還對朗霍華的導演能力有所懷疑，在這部電影後，紛紛爭相與他合作。

為了要拍攝《美人魚》，我不知道聽了多少次「不行」，結果這個劇本榮獲奧斯卡最佳原創劇本獎提名，可說是苦盡甘來，讓我非常欣慰。那一年得獎的是由莎莉．菲爾德（Sally Field）主演的《心田深處》（*Places in the Heart*），內容是敘述經濟大蕭條。雖然沒有得獎，但卻是我和朗霍華第一次共同參加奧斯卡頒獎典禮慶祝活動。

一九八四年三月九日，《美人魚》上映的那晚，我和朗霍華租了一輛豪華轎車，兩人的太太也一起陪同，沿路到洛杉磯各個電影院看著大排長龍的人潮。這是我們從《銷魂大夜班》開始的一項傳統，雖然當時的排隊人潮有點令人失望，但這次《美人魚》則有天壤之別。[5]

在洛杉磯西木區（Westwood）威爾夏大道（Wilshire Boulevard）上，有家叫做西木阿弗科（Westwood Avco）的電影院。一九八三年史蒂芬史匹柏的《E.T.外星人》上映時，我們看到電影院前排隊的人潮將那一帶擠得水洩不通。《美人魚》首映的那晚，我們開車經過，那一帶也都擠滿了人，雖然隊伍不像《E.T.外星人》那麼長，但仍然十分壯觀。大家為了看我們的美人魚電影站在那裡排隊，讓我興奮不已，我們立刻下車，從隊伍的前面走到後面，與他們交談，而且彼此擁抱。

接著我們回到車上，開啟了另一項傳統：開車去南加州有名的汽車露天電影院 In-N-Out 漢堡店（In-N-Out Burger），邊吃漢堡邊喝頂級的法國波爾多葡萄酒（我對於這次電影上映非常樂觀，因此事先在車上準備了酒）。

＊＊＊

《美人魚》花了七年的時間，才從觸發點到達西木阿弗科電影院。我不只需要一個讓我充滿熱情的好點子，還需要堅持和決心。

就像好奇心和說故事相輔相成，好奇心和堅持也是如此。好奇心會讓人想說故事，而說故事會激發好奇心，好奇心和堅持兩者的運作模式也如出一轍。

好奇心會為堅持帶來回報，如果你因為無法立刻找到問題的答案而氣餒，如果你第一次聽到「不行」就放棄，那麼你並沒有發揮足夠的好奇心。對我來說，這是與塞爾伯特合作後學到的一項課題——我的堅持讓我鍥而不捨，我的好奇心幫我釐清如何稍微調整美人魚電影，好讓其他人能理解和欣賞。閒置不用的好奇心毫無用處和成效，堅持才能帶領好奇心達到某個有價值的目的地。

同樣地，只有堅持卻沒有好奇心，可能意味著你追求的目標不值得努力——或是你得到了新資訊後，所追求的目標並沒有跟著調整，最後就會偏離軌道。堅持是驅策你前進的動力，好奇心為你指引方向。

好奇心有助於激發一個偉大的點子，而且讓它變得更完美。

在面對其他人的質疑時，決心可以幫你向前邁進。

具備了這些要素後，會讓你有信心，知道自己在做聰明的事，這股信心能為你的雄心壯志奠下良好的根基。

提出問題是關鍵——可以幫助自己、修正點子、說服他人。即使你知道自己在做什麼、朝哪個方向前進，問問題仍是關鍵。

我正好有機會把蘇斯博士一本著名的童書搬上大銀幕。當時，我們有幾個人同時向蘇斯博士的遺孀奧黛莉・蓋索（Audrey Geisel）爭取《鬼靈精》一書電影製作的版權，包括約翰・休斯〔John Hughes，作品有《蹺課天才》（*Ferris Bueller's Day Off*）、《小鬼當家》（*Home Alone*）〕、湯姆・薛狄艾克（Tom Shadyac，他是我們電影《王牌大騙子》的導演）、法拉利兄弟檔〔Farrelly brothers，作品有《哈啦瑪莉》（*There's Something About Mary*）〕，經過兩年時間，最後由我脫穎而出。

其實這是蓋索太太第一次願意讓蘇斯博士的書拍成電影。蓋索太太和艾西莫夫太太有點像，事實是：蘇斯博士於一九九一年辭世後，她極力捍衛先生的作品，我們與她合作時，她車牌上就只有「Grinch」（鬼靈精）這個英文字。〔本名希奧多・蓋索（Theodor Geisel）的蘇斯博士晚年的車牌上也是這個英文字。〕[6]

我說服金凱瑞扮演主角鬼靈精，也說服朗霍華擔任導演。蓋索太太堅持要事先與他們見面談話。

一旦我準備展開這種將《鬼靈精》一書搬上大銀幕的計畫，身上就有一股使命感。這本書於一九五七年首次出版，從那時起，就一直陪著每個美國小孩長大。

我就像其他五十歲的美國人一樣，非常熟悉這本書的故事內容、人物、吸引人之處。小時候大人讀給我聽，後來我也讀給自己的孩子聽。

於是我們開始寫劇本，打造書中的無名鎮（Whoville），把書中的情境搬到銀幕上，但在過程中，我內心浮現了許多問題。在製作這部電影時，我一再問自己下面的問題，也問了朗霍華、金凱瑞、兩位編劇傑夫·普萊斯（Jeff Price）和彼得·希曼（Peter Seaman）。

我們取得了製作的版權，現在最重要的問題是：這究竟是什麼樣的故事？哪種類型的故事？

是強調對白的喜劇嗎？

是強調肢體動作的喜劇嗎？

是動作片嗎？

是神話嗎？

每個問題的答案都是「肯定的」，這正是我們的挑戰和責任所在。在處理喜劇的肢體動作時，不能忘記還有神話的部分；在處理動作時，不能忘記蘇斯博士故事中文字與圖畫裡的歡樂和幽默，還有我們精心設計的巧思。

提出問題可以讓你了解其他人對你的點子有什麼想法，如果朗霍華認為《鬼靈精》是動作片，而我認為是強調對白的喜劇，問題就會產生，找出問題的方法就是去問，通常愈簡單的問題愈好。

《鬼靈精》是屬於哪種類型的電影？

我們要說的是什麼故事？

由於觀眾在進電影院前，對這個故事已經有自己的一套想法，那麼我們想傳達出什麼感覺？

那也是優秀的電影製作人心中的考量，我們總希望能製作出具有原創性、有熱情的電影。而且像《鬼靈精》這樣的故事，在觀眾心中已經存在著書裡的畫面，此時還得顧及觀眾的期待，每個走進電影院看《鬼靈精》的觀眾，對於這是什麼樣的故事早已有某種定見。

沒有人會比蓋索太太的想法更強烈、更堅持，對我們來說，她是最具挑戰性的觀眾，也是必須優先考量的重要觀眾。我們請她到環球影城（Universal Studios）的希區考克電影院（Hitchcock Theater）觀賞這部電影，當時裡面只有五個人，蓋索太太坐在非常前面，因為我很擔心她看完後的反應，刻意坐到最後面，與她隔了三十排，幾位負責剪接和音效的工作人員坐在我們中間。

電影演完銀幕列出致謝名單時，她開始鼓掌，滿臉笑容，很喜歡這部電影。我坐在放映室裡，看到她這麼開心，自己也滿心歡喜，不禁流下開心的淚水。

即使《鬼靈精》是眾所周知的經典童話故事，但如果我們沒有在其中放進基本的好奇心，也無法成功。我們讓每個人都認同我們想說的故事，以及說故事的方式。[7]

這似乎顯而易見。但是更常見的情況是：一項計畫進行到一半，發現相關人員對你想做的事有略微不同的理解，這些差異最後導致大家無法有效合作，因為實際上每個人對於目標是什麼並沒有共識，對你而言這種經驗是否一點都不陌生？

這種情況層出不窮，不管是電影、行銷、建築、廣告、新聞和政治等，世界各地很多行業每天都會發生。甚至是運動場上，美式足球比賽裡許多傳球失敗的主因就是溝通不良。

提出問題並不會讓你偏離軌道或分心，反而能讓你步上正軌，這聽起來有點違反直覺，卻千真萬確。

面對阻礙時要有決心堅持下去，這一點極為重要，蘇斯博士本身就是絕佳示範。他的作品有四十四部，其中許多仍非常暢銷。在二〇一三年，《綠雞蛋和火腿》（*Green Eggs and Ham*）在美國的銷售量超過七十萬本〔比《月亮晚安》（*Goodnight Moon*）還多〕，《魔法靈貓》（*The Cat in the Hat*）超過五十萬本，《你想去的地方》（*Oh, the Places You'll Go!*）和《一隻魚、兩隻魚》（*One Fish Two Fish Red Fish Blue Fish*）的銷售量也是如此。蘇斯博士另外有五本書各賣出二十五萬本，光這幾本書加起來的總銷售量一年就超過三百五十萬本（另外有八本書各賣出十萬本以上），蘇斯博士已過世二十四年，他的書現在光在美國地區每天就賣出一萬一千本。自從他的第一本書《想起我在桑樹街見過它》（*And to Think That I Saw It on Mulberry Street*）於一九三七年出版以來，所有作品至今在全球共熱銷六億本。從現階段看來，蘇斯博士的魅力似乎無法擋，但是《想起我在桑樹街見過它》這本書一開始曾遭二十七家出版社拒絕，最後是由先鋒出版社（Vanguard Press）出版。要是蘇斯博士當時被拒絕二十次或二十五次就決定放棄了，結果會如何呢？

稍微想想看，如果童年沒有了蘇斯博士的書陪伴將會如何呢？[8]

我覺得我們剛來到這個世界時，從新生兒開始那段時間聽到的答案都是「可以」，過了一小段時間仍是如此，整個世界對我們毫不保留。但到了某個時間點，世界開始對我們說「不行」，而你愈早開始練習處理「不行」愈好。我認為自己現在絲毫不受別人拒絕的影響。

我們一直告訴你，如果世界說「不行」時要運用好奇心，但很多時候「不行」可能是來自你的腦袋，而好奇心也可以解決那種「不行」。

如前所述，要是我害怕某件事，就會努力讓自己對它產生好奇，我儘量先將恐懼擱置一旁，隔了一段時間後再開始提出問題。這些問題有兩個好處：分散我的注意力，不會一直感到不安；此外，對於我所擔心的事情也能略知一二。我認為我們天生都知道這件事，但有時你需要提醒自己，消除恐懼的最佳辦法就是面對，就是好奇。

公開演講讓我緊張。我的演講很精彩，但我不喜歡準備演講的過程，甚至也不見得喜歡演講本身，只喜歡演講完的感覺，最有趣的部分是講完後與大家討論這場演講。

對我來說，每次演講都是一大考驗。以下是我讓自己免於緊張的方法：

首先，我不會太早開始準備，因為那只會讓我提前焦慮。如果我提前兩週開始寫演講稿，這兩週內我每天都會擔心。

所以我會確保自己的準備時間充裕，然後在演講前幾天才開始準備。

我在為《鬼靈精》準備演講時也如法炮製。我提出下列問題：

這次演講的內容應該是什麼？

哪種版本的演講內容最好？

來參加這次活動的人希望聽到什麼？

一般而言他們想聽到什麼？

他們特別想從我身上聽到什麼？

觀眾是誰？

每個問題的答案都能幫我建立一個架構，讓我知道應該說些什麼，而答案立刻激發出想法、故事以及我想強調的重點，給了我很重要的線索。

我一直在找可以說的故事，能讓我凸顯出要點的故事。就演講而言，我找故事的理由有兩個：大家喜歡聽故事，不想聽人說教，希望有樂趣。此外，我對自己要說的故事非常清楚，所以即使結結巴巴或稍微忘詞也無傷大雅，這畢竟是我的故事，不會真的完全忘記自己想說的內容，不會驚慌失措。

最後，我會在一、兩天前寫好整個演講稿，練習幾次。

把演講內容寫下來讓我印象更深刻。

練習也會讓我更不容易忘記，可以知道哪些地方不夠通順，哪些地方的要點和故事不貼切，或是確認笑話的使用時機是否完全恰當。練習讓我有機會再修訂，就像剪輯一部電影、校訂雜誌上的故事、改善職場上的簡報或編輯一本書。

我會帶著完整的演講稿，放在講台上，然後站在講台旁邊演講，我不會逐字唸稿，只是有備無患，但我通常不需要它。

好奇心需要下功夫嗎？

當然要。

即使你「天生好奇」（無論這四個字對你而言代表什麼意思），提出問題、汲取答案、弄清楚答案指引你的方向、釐清你必須要問的其他問題，都還是得下功夫。

我自認天生好奇，但在過去這六十年來，我的好奇心每天也都經歷了各種情況。有時候你必須記得運用好奇心，必須提醒自己要使用它。如果有人告訴你「不行」，很容易就會讓你亂了陣腳，深陷被拒絕的處境，無法繼續向前，此時你會忘了去問問題以了解發生了什麼事，究竟為什麼人家會說不行？

如果你恐懼上台演講，你可能會心煩意亂或拖拖拉拉，好讓自己暫時逃避，而不願積極面對。這種做法只會助長焦慮，對演講有害無益。演講內容不會自動寫好，若要降低演講的緊張情緒，就得先下功夫準備。

我發現，無論「不行」是來自於別人或自己的腦袋，運用好奇心處理「不行」教會我一些面對阻力的有效方式，讓事情得以順利完成。

赫伯特·艾倫（Herbert A. Allen）是位投資銀行家，每年愛達荷州太陽谷（Sun Valley）著名的媒體界和科技界會議就是由他創辦〔簡稱為艾倫公司（Allen & Co.）太陽谷會議〕，他與我相交多年，給了我很棒的忠告。

許多年前他告訴我：一天中最難打的電話要先打。

一天中最難打的電話，可能是那個你怕會帶給你壞消息的人，可能是你必須傳達壞消息給他的人，也可能是你想見但對方一直避而不見的人。

艾倫用的是比喻性說法，「最難打的電話」可能是指你必須寄的電子郵件，也可能是一個你必須找來你辦公室談話的對象。

不管那是什麼，你之所以會覺得它是「一天中最難打的電話」，就是因為它有點可怕，在某方面讓人不舒服，可能是這件事本身，也可能是做完這件事的結果。不過艾倫的重點是，這樣的任務不會因為到了中午或下午四點半就變得比較不可怕，情況正好相反，原本「最難打的電話」只會帶來少許的焦慮，卻因此讓你一整天蒙上了一層陰影，無法專注，甚至降低效率，絕對會讓你受到影響。

「最難打的電話要先打」，這句話跟好奇心不全然相關，跟決心也不全然相關——跟兩者只有一點關係。它強調的是一種勇氣，一種個性，就算你百般不願意，也要確實面對必須做的任務，然後動手處理。

一下子就能讓你海闊天空，一整天神清氣爽，實際上，那件已處理好的事可以從待辦事項清單中劃掉，讓你有足夠的信心解決其他即將到來的問題，因為你已經完成了最困難的部分。雖然「最難打的電話」結果通常真的如你所預期，但有時候也可能會出現意外的驚喜。

從表面上來看，提出問題似乎就是承認自己無知，如何讓承認自己的無知變成通往信心的道路呢？

這就是好奇心眾多美好的特質之一。

好奇心可以幫你消除無知和困惑，讓模糊地帶和不確定煙消雲散，澄清不一致的意見。

好奇心可以給你信心，信心可以給你決心，信心和決心可以給你雄心壯志。如此一來，無論「不行」是來自於別人或你的腦袋，都可以輕鬆克服。

如果善用好奇心在你的夢想上，可以提供一股強大的動力讓夢想成真。

＊ ＊ ＊

大約十年前，紐約的《W》時尚雜誌做了一篇關於我的人物特寫，標題為：

電影界鉅子

布萊恩．葛瑟製作的電影獲利高達一〇五億美元，

可說是好萊塢最成功的製作人——而且知名度無人能出其右。

是因為髮型的關係嗎？[9]

好萊塢的人當然都知道我的髮型。

世界其他地方的一些人也知道我的髮型（有些人可能甚至連我的名字都沒聽過，但是知道《美麗境界》、《發展受阻》或《達文西密碼》）。「就是好萊塢那個頭髮豎起來的傢伙」——大家常用這句話來描述我。

髮型已成為我形象的一部分，也是我個人外貌的一部分。

這個髮型絕非偶然，當然也不是意外產生的結果，因為我每天早上都得使用髮膠讓它直立。

但是我的髮型不只是為了追求時尚而搞怪，說真的甚至也無關個人品味。

我和朗霍華合作了兩部電影後，在好萊塢慢慢建立起知名度。朗霍華當然非常引人注目，他是明星、導演、這個年代的偶像，而我是個製作人，與他對比之下只是個新人。

但我想讓別人印象深刻，好萊塢是個時尚天堂，在這個世界裡如何展現自己格外重要。在這裡工作的人外型都很搶眼，那是他們的風格，我知道自己不是那塊料。

我和朗霍華在九〇年代初期成立了想像娛樂公司。就在那時，好萊塢的男製作人發展出一種集體風格，有一群成功的年輕製作人拍許多喧鬧激進的電影，他們自己也很喧鬧激進，喜歡「大呼小叫」，有時候會用丟東西和吼叫的方式管理同事。這群人當中有許多人留鬍子，滿臉鬍渣的激進人士製作出激進的電影。

那不是我的風格，我不製作喧鬧的電影，我留鬍子也不好看。早年在好萊塢我曾在幾個愛咆哮的主管下面做事，不喜歡被人吼叫的感覺，我自己也不愛大叫。

但我也不想只當陪襯的綠葉，我覺得必須走出自己的一條路，讓人印象深刻。因此，要穿什麼、看起來像什麼，這個個人風格的問題縈繞在我腦海裡。

一九九三年的一天下午，一切突然有了答案。那時我和五歲的女兒賽吉（Sage）一起游泳。我浮出游泳池水面時，用手指梳一梳濕答答的頭髮，讓它直立。

賽吉說：「看起來好酷！」

我看著鏡中直立的頭髮，心想：「真的很有趣。」

於是從那天起，我就抹髮膠讓頭髮直立。

新髮型立刻得到眾人的注意，引發極端的反應。

我會說二五％的人認為很酷。

另外五〇％的人覺得好奇：「為什麼你的髮型要這樣？你怎麼讓頭髮變成這樣的？」

有些已經認識我的人也屬於這個好奇的族群，他們說：「葛瑟，你的頭髮怎麼了？你在想什麼？為什麼要這樣？」

其餘二五％的人不喜歡這種髮型，看了之後很生氣，隨即把我歸類為混蛋。

太棒了，我真的很喜歡從人們身上得到極端的反應，髮型激起了大家對我的好奇心。從我開始讓頭髮豎立後，有時候會聽到人們竊竊私語談論它，雖然他們以為我聽不見。

「嘿，葛瑟怎麼了？為什麼把頭髮變成那樣？」

在好萊塢呼風喚雨的超級明星經紀人邁克爾．奧維茨（Michael Ovitz），跟我在同一時期打造他的事業，他勸我說：「不要再弄這個髮型了，不然企業界人士不會認真把你當一回事。」

有些人因為這個髮型而覺得我很自大。

事實是，我認為好萊塢世界可分為兩大類：生意人和藝術家。我覺得這個髮型讓我歸在藝術家這一類，感覺自在多了。

我把頭髮豎直了幾個月後，曾經想放棄這個髮型，因為實在太多人談論它。但是我後來意識到一件事：的確，髮型激發了人們對我的好奇心，不過真正有趣的是，人們對髮型的反應，反而更能凸顯出他們心中對我的看法，而非口頭上對我這個人或髮型的評論。

我把髮型視為測試這個世界的方法，能藉此更快了解別人對我的真實看法，而不必苦苦等待，因此我決定讓頭髮繼續直立。

從某方面來說，髮型也幫我傳達其他的訊息，讓人們知道：對這個傢伙不能以貌取人，他是讓人有點無法捉摸的。我與眾不同，不是一眼就能看透的人。

這就是我的髮型為什麼很重要的原因。

好萊塢和演藝界的圈子真的很小，就像各行各業一樣，都有一套制定好的規則、慣例和傳統，為了把事情做好，必須遵守規則。

你要知道，我所做的不過就是用髮膠讓頭髮豎立，當成一個大家茶餘飯後談論的話題，但有些人完全無法接受，不只是一些人——而是四分之一的人。

我的髮型絲毫不影響任何劇本、導演或演藝人員，也不會改變電影的行銷或週末首映的票房，但卻讓很多人（其中不乏一些重要人士）非常不舒服。

現在請想像一下，要是你做了一些另類而不被認同的事，得面對別人什麼樣的反應和阻力？

但我不想落入俗套，做其他人都在做的事，甚至不想做我自己十年前或五年前做過的事。

我想要多樣性，想要說新故事，或以新方式述說以前的經典故事，一方面是因為這能讓我的生活更有趣，再方面是因為能讓觀眾去電影院或看電視時更有意思。

我渴望有機會展現與眾不同之處。

我從哪裡來的信心讓我敢與眾不同？

其中絕大部分來自於好奇心。我年輕時，花了幾年的時間深入了解我所處的行業，花了幾十年持續熟悉其他行業的運作方式。

好奇心對話提供的經驗和見解寶庫，遠超出我自己的親身經歷。

但是這些對話也讓我多次體驗自暴其短的經歷，顯現出自己的天真。我其實是在練習讓自己有點無知，我願意承認自己不知道的事情，因為我知道這會讓我變得更聰明。提出問題看起來可能在暴露無知，但是恰好相反，實際上，問問題的人很少被視為愚蠢。

本章開頭的那句話——好奇心比勇氣更能戰勝恐懼，是出自於愛爾蘭詩人史蒂芬斯的一本書。原本的內容比較長，而且有個中心思想：

> 好奇心比勇氣更能戰勝恐懼；事實上，單憑生理上的勇氣原本可以避開的危險，卻因好奇而讓許多人置身險境。飢餓、愛和好奇是生命中偉大的動力。

這就是好奇心在我身上發揮的功效，我認為幾乎可以適用於每個人，它可以給你敢於冒險和雄心勃勃的勇氣，讓你能慢慢適應不自在的感覺，畢竟任何旅程一開始總會讓人有點緊張。

我是在成年後學會衝浪和畫畫。在製作了《碧海嬌娃》（*Blue Crush*）後，我的衝浪技術更上一層樓，這部強調女權的電影在歐胡島北岸拍攝，一些電影工作人員在那裡衝浪，這些巨浪規模堪稱世界上數一數二，於是我迷上了波浪的規律，以及如何乘風踏浪。我喜歡衝浪，需要高度集中注意力，當下心無旁騖，也非常刺激。

基於同樣的原因，我也熱愛畫畫，它能讓我完全放鬆。我不是偉大的畫家，甚至也沒什麼繪畫技巧，但是我後來想通了，就繪畫而言，真正重要的是你想說的內容，而非以完美的方式表達出來，我不需要靠偉大的繪畫技巧才能找到真正的創意和動力。我是見到了普普藝術大師安迪・沃荷（Andy Warhol）和羅依・李奇登斯坦（Roy Lichtenstein）後，才學會畫畫。

在上述例子裡，我的好奇心克服了恐懼，我受到這兩個領域裡頂尖人物的啟發。我並不是想成為世界級的衝浪好手或畫家，只是覺得好奇，也想體驗一下這些領域的佼佼者心中的愉悅、刺激和滿足，畢竟這些能力都需要下苦功才能得到回報。

好奇心會給你力量，不是那種來自於吼叫和激進的力量，而是一種安靜的力量，可以隨著時間逐漸累積。好奇心可以為一般人提供力量，賦予那些沒有超能力的人一股力量。

所以我保護了那一部分的自己，那部分的我不怕暫時表現出無知，不知道答案沒關係，只要不試圖隱瞞，就會幫你打開通往世界之門，我一直練習不必為不懂的事感到不好意思。

結果是，剛開始不喜歡我髮型的人是正確的，這是個小挑戰，髮型看起來只是個人風格問題，但對我來說，這是一種每天自我提醒的方式，讓我知道自己有點與眾不同，而與眾不同沒關係，只是需要勇氣，就像用髮膠讓頭髮直立也需要勇氣一樣，但我的不同之處可以讓人會心一笑。

我每天早上起床後的第一件事，就是抹髮膠讓頭髮直立，大約只要花十秒鐘，我一定會使用髮膠。二十年過後，這已經成為我的金字招牌——我的做事方式與髮型搭配。到目前為止，這也依然成為聊天時讓對方打開話匣子的內容，也能讓我脫穎而出。

二〇〇一年二月，我們七個好朋友一起到古巴玩四天，這群人都是媒體界的高階主管，包括《浮華世界》（*Vanity Fair*）的主編葛雷登・卡特（Graydon Carter）、MTV音樂頻道當時的執行長湯瑪斯・佛瑞斯頓（Tom Freston）和總裁比爾・羅迪（Bill Roedy）、製作人布雷德・葛瑞（Brad Grey）、威廉・莫里斯（William Morris）經紀公司的董事長吉姆・維亞特（Jim Wiatt）、哥倫比亞廣播公司（CBS）的執行長列斯・孟維斯（Les Moonves）。[10]

我們有個行程是與菲德爾・卡斯楚（Fidel Castro）共進午餐。卡斯楚一如往常，穿著綠色軍裝，在長達三個半小時的午餐時間，透過口譯員滔滔不絕對我們長篇大論，我想他甚至沒有喘一口氣。內容是卡斯楚一貫的演講主題，談論古巴如何讓人嘖嘖稱奇，而美國注定要失敗。

等到他終於停下來，突然看著我（我自認不是這群人當中最傑出的），透過口譯員只問了一個問題：「你是怎麼讓頭髮豎起來的？」大家都大笑。

就連卡斯楚都喜歡這個髮型。

5 每次交談都是好奇心對話

「人與人的連結賦予了我們生活的意義，人際關係也是我們之所以在這裡的原因。」

——布芮尼．布朗（Brené Brown）[1]

一九九五年春天，我們想像娛樂公司有個新老闆，我和其他人一樣，想給他好印象，只是不太清楚該怎麼做。

事實上，過去這三十多年來，我還沒有一個傳統定義上的老闆，也就是說，沒有人會打電話叫我做些什麼，也不需要每隔幾天就跟某個人報備。自從一九八六年以來，我就和朗霍華以及其他人一起經營想像娛樂公司。

在那段時間裡，與我們合作時間最久的夥伴是環球影片公司，許多我們製作的電影，都是由他們提供資金和發行。所以從這個角度來看，不論環球影片公司的經營者是誰，都是我的老闆，因為我們必須與這個人密切合作，於公於私都得維持非常良好的關係，才能對要合作的電影種類達成共識，因為涉及的資金往往動輒上千萬美元。

到了九〇年代中期，我們已與環球影片公司合作推出了一系列相當成功的電影，包括：《溫馨家族》（一九八九年）、《魔鬼孩子王》（*Kindergarten Cop*，一九九〇年）、《浴火赤子情》（一九九一年）、《媒體先鋒》（*The Paper*，一九九四年）。

在沃瑟曼經營環球影片公司時，我想認識他，雖然當年他給我鉛筆和便條紙時已見過一面，但我想更進一步了解他。

等到日本松下（Matsushita）電器公司買下環球影片公司，我也去認識松下的高階主管村瀨通三（Tsuzo Murase）。

一九九五年，松下把環球影片公司賣給施格蘭公司（Seagram Company）——沒錯，環球影片公司本來獨立經營，後來由日本電器公司買下，又轉手賣給加拿大酒業公司。我想認識施格蘭公司的執行長艾德加・布朗夫曼二世（Edgar Bronfman, Jr.）。

這筆交易宣布後的最初幾週，我都沒有聽到布朗夫曼的消息，但我的確聽說布朗夫曼打電話給史蒂芬史匹柏，以及導演兼製作人伊萬・雷特曼（Ivan Reitman），所以我想知道該怎麼做。

我是電影製作人，與這家布朗夫曼突然接手的公司共同製作了許多電影。

布朗夫曼是一家年營業額六十四億美元公司的執行長，我不太清楚該如何與他聯絡。

應該打電話到他的辦公室嗎？

應該寄電子郵件嗎？

迪士尼的執行長羅伯特．艾格（**Robert Iger**）是我的好友，曾給我一個忠告，我一直謹記在心。在一些適當的情況下，他說：「不採取行動本身反而是最有力的行動。」

艾格長期處於高風險、高壓力的情況。不久前，他在七十二小時內先在莫斯科與普丁（**Vladimir Putin**）總統會面，接著到倫敦查看新《星際大戰》（***Star Wars***）的電影場景，然後到中國上海的迪士尼工作，最後回洛杉磯看孩子的籃球比賽。就在那個四處奔波的週末，還可以在旅途中看完一千八百頁的溫斯頓．邱吉爾（**Winston Churchill**）傳記，與人熱烈討論內容。

艾格堅持要精益求精，而且有著廣泛的好奇心，從無一刻懈怠。

我正在想如何與布朗夫曼聯絡時，突然想起艾格的建議。我一直認為**採取行動**是得到他人回應的方法，我知道要有耐心，但我通常不會放任不管，會稍微在後面推一把。至少這是我職業生涯早期的做法，但這一次我決定等待，不採取任何行動。

「不採取行動本身反而是最有力的行動。」

後來白宮打電話來，替我解決了這個問題。

我們在那年春天已經準備好，《阿波羅十三》將於暑假在二千二百家電影院首映，日期定為一九九五年六月三十日。五月時我們接到白宮的電話，邀請我們在首映前三週，也就是六月八日，在白宮放映廳播放給柯林頓（Bill Clinton）總統及其家人觀賞。

這就是白宮放電影的流程——邀請電影到白宮播放，電影相關製作人員全都受邀前往。因此，湯姆漢克斯偕同太太麗塔威爾遜（Rita Wilson）到白宮參加《阿波羅十三》放映會，湯姆漢克斯飾演的美國國家航空暨太空總署（NASA）太空人洛威爾也受邀前往。這部電影的導演朗霍華和我這個製作人都會去。此外還邀請了環球影片公司的高層管理人員榮恩．梅耶（Ron Meyer），以及當時環球影片公司的母公司執行長布朗夫曼。

還有什麼比這樣的安排更完美呢？

我的電影受邀到白宮播放，這可能是全美最負盛名的電影銀幕，我在環球影片公司的新老闆到白宮做客，不只是去看我的電影，而是**因為**我的電影才能前往。

這真是第一次與老闆見面的絕佳時機，讓人夢寐以求。

那是我第一次去白宮。當晚先有個雞尾酒會，布朗夫曼也在場，柯林頓總統和夫人希拉蕊（Hillary）〔雀兒喜（Chelsea）沒來〕、幾位參議員和眾議員，以及一兩位內閣祕書一同參加。

雞尾酒會結束後，我們走進白宮放映室，裡面非常小，只有六十個座位，提供爆米花，感覺很溫馨，一點都不奢華。

電影播放時，柯林頓總統全程在場。而且在電影結束時、太空總署任務控制中心以無線電重新與欲返家的阿波羅十三號取得聯繫時、三位太空人打開橘白相間的降落傘出現在任務控制中心的電視銀幕時，放映室都響起如雷的掌聲。

如我所料，這個場合正是與布朗夫曼會面的絕佳時機。當晚，當然許多人都爭相想獲得他的注意力，但我們有機會聊了幾分鐘。布朗夫曼身材高高瘦瘦，舉止優雅，非常彬彬有禮。他告訴我說：「我喜歡這部電影，我引以為榮。」

他接手環球影片公司只有幾個星期，但你可以看出來他對電影業真的很投入。《阿波羅十三》正式首映後三週，他與太太克萊麗莎（Clarissa）一同來到洛杉磯。白宮放映室的會面是我們這段友誼的開端，在接下來的五年中，環球影片公司仍屬於施格蘭公司的一部分，由布朗夫曼經營管理，我們維持了相當好的合作關係。

那是我第一次見到柯林頓總統，從其他許多人的經驗看來，柯林頓總統與我的關係似乎特別不同，這段關係一直持續到今天。他顯然很欣賞《阿波羅十三》的精神，也很喜歡整部電影的呈現方式，讓觀眾了解太空總署的工程師和太空人如何運用智慧，將可能的災難變成了美國的勝利。

柯林頓總統後來成為電視影集《二十四反恐任務》的忠實觀眾，這部影集的首映時間是在他的第二任期結束後。他告訴我，從他的角度來看，《二十四反恐任務》帶有一股特殊的情感衝擊力，還說劇中非常精確地拍出情報人員和反恐工作，而且男主角鮑爾最後總能將壞人繩之以法。他說，在現實生活中，總統、國家的情報人員和國防人員經常必須糾結在官僚體制、法律限制和繁瑣的程序中，更別提許多不確定的情況了。對柯林頓總統而言，《二十四反恐任務》彷彿帶來一種夢想成真的體驗：他說有時候真的很希望像鮑爾一樣勇敢獨立，能不顧一切採取行動。

＊　＊　＊

到目前為止，我一直想把好奇心歸納整理，分門別類，以系統化的方式思考和使用它。

運用它作為發現新事物的工具，而且當作一種祕密武器，藉此了解其他不明白的事物。

運用它激發創意和靈感。

運用它激勵自己。

運用它變得獨立和有自信。

運用它作為說故事的關鍵。

運用它作為一種勇氣的形式。

但我認為我們尚未探索好奇心最有價值的利用方式。事實上，我是最近才突然發現好奇心的這項特色，或至少隱隱約約意識到這一點。這種好奇心看起來很明顯，明顯到只要我一說出來你可能會翻白眼，但也似乎隱藏起來不易發現，受到忽略，讓人視而不見。不過它卻有力量大幅改善我們自己、周遭親人以及工作夥伴每天的生活，我現在說的是藉由好奇心而創造的人際關係。

人際關係是日常生活中最重要的部分，例如我們與同事、老闆、愛人、孩子、朋友的關係。

人際關係需要誠意、需要同情心、需要信任。

如果沒有好奇心，你還會有發自內心的誠意、同情心或信任嗎？

我覺得不會。我認為一旦你停下來想一想，檢視自己在工作和家庭中的人際互動，就會很清楚真正的人際關係需要好奇心。

若要成為好老闆，必須對員工感到好奇。若要成為好同事、好情人、好家長，也必須有好奇心。

真愛需要好奇心，若要維繫愛情就得持續擁有好奇心，真正的親密關係需要好奇心。

我每天都運用好奇心幫我管理工作夥伴，不只在我們之前討論過的層面，而是把好奇心當作建立信任、合作和參與的工具。

我每天和未婚妻、孩子、朋友相處時都運用好奇心，我得坦白承認，有時候不見得如我所想的那麼熟練，但我運用好奇心讓關係歷久彌新、持續不墜。

人際關係是人活著最重要的一部分，它是維持幸福感和生活滿足感的關鍵。而好奇心是與人產生連結和維持良好關係的關鍵。

不久前，我坐在辦公室沙發與一位電影製作主管開會。她來討論一部電影目前的狀況，這部電影演員陣容堅強，劇情錯綜複雜。這次會議時間很短，只不過是進度報告。很多電影的前置作業比較不順利，得耗費幾個月一直不斷開會，有些到最後終於能登上大銀幕，另外有些則中途夭折無法拍攝。

我們討論的這部電影前後已持續了一年多，但連一個場景都沒有拍。

我聽了幾分鐘的最新狀況後，輕輕打斷她：「為什麼我們應該拍這部電影？為什麼我們**現在**要拍這部電影？」

我的同事停下來看著我，她已經在想像娛樂公司工作很長一段時間，非常了解我。她的回答只是簡短描述這部電影的狀況——誰提供了這個點子、為什麼當初令人興奮不已。

這些我都一清二楚，她知道我都明白，她回答的是為什麼我們**之前**決定要拍這部電影，而不是回答為什麼我們**現在應該**繼續拍這部電影。

幾分鐘後，我再嘗試一次。

「妳喜歡這部電影嗎？」我問。

她笑了笑，沒有搖頭，其實她大可這麼做。她不發一語，臉上的笑容彷彿說：「**我**喜歡**這部電影嗎？這是什麼問題？我已經為它開了這麼多會、花了這麼多時間協商、演員陣容和時間表一改再改，我還是想拍這部電影，這就是我喜歡的事。**」

她就像拳擊手側身閃過一拳，閃避我的問題說：「喜歡？什麼是喜歡？這部電影此時被丟棄在水溝裡，我們之前曾經喜歡過它：喜歡這個點子、喜歡演員陣容、喜歡整體的包裝、喜歡能創造出週五晚上電影院前人潮大排長龍的心情……那是在一年以前。現在只需要把這部電影從水溝撈起來，誰曉得我們是否還喜歡它？除非能在銀幕上看到其中一些畫面，否則我們不可能喜歡它。」

我只是點點頭。

我的同事還簡略地描述其他事項——她是個井井有條的人，通常來我辦公室時，都會先準備一張討論內容清單，等她說完清單上的事項，很快就離開了。

我沒有告訴她這部陷入膠著的電影該怎麼辦。

她也沒有問這部陷入膠著的電影該怎麼辦。

但她非常清楚我對這部電影的感受，我再也不喜歡它了，實在不記得這麼喜歡過它，現在覺得它已經成為負擔，佔用過多的時間、精力和情感，讓我們無法投入在真正喜歡的計畫上。

但這是我個性上的關鍵要素：我不喜歡指揮別人，沒有興趣告訴其他人怎麼做，也不會從中得到樂趣。

所以我的管理風格是發揮好奇心提出問題。

我現在其實是出於本能在做這件事，不需要停下來提醒自己要問問題，而不要下指令。對現代很多人來說，工作就是一連串的開會、與人交談或視訊會議。通常我一天可能會有五十次對話，不過我比較喜歡聽別人想說什麼，然後再基於本能問問題。如果你在我旁邊聽我講電話，可能只會聽到我偶爾提出幾個問題。

我的感覺是許多工作場合裡，大多數經理和老闆的模式並非如此。

有時候你必須下指令。

有時候我也必須下指令。

但是，如果先撇開每個人工作上的例行公事，像是請某個人接電話、查證事實、安排會議等，我幾乎都是用疑問句開頭。

要是有人沒在做我希望他做的事，或是我認為某件事沒有朝我想要的方向前進，此時正是讓問題成為偉大管理工具的好時機。

人們常常想像，要是發生了衝突自己的態度必須強硬，要讓其他人知道誰才是掌權的老大。

我從不擔心事情由誰主導。

我擔心的是要確保我們能儘量做出最好的決定、有最棒的演員陣容、劇本、電影預告片、資金管理、一流的電影。

提出問題當然會得到資訊。

提出問題為人們創造了一些空間，可藉此表達出心中的疑慮，而這可能是老闆或同事原本不知道的部分。

提出問題讓人們有機會說出與你預期不同的故事。

從我的觀點來看，提出問題最重要的意義是，人們必須為自己的決定如何執行提出合情合理的解釋。

在電影業就是要能「提出合情合理的解釋」。以《美人魚》為例，我至少花了七年的時間去向其他人解釋上百次，即使我現在有三十多年成功的電影製作經驗，這一點仍沒有變。在二〇一四年夏天，我們製作了《激樂人心》（*Get On Up*），內容是詹姆士布朗的成長故事，以及他為我們每天聽的音樂帶來的巨大影響，由《姐妹》（*The Help*）的導演泰德．泰勒（Tate Taylor）執導，米克傑格（Mick Jagger）共同製作。飾演詹姆士布朗的是查德維克．博斯曼（Chad Boseman），他曾在電影《傳奇四十二號》（*42*）中演出傑基．羅賓森（Jackie Robinson）。

我花了幾年的時間，想要製作關於詹姆士布朗和他音樂的電影。他的故事帶著典型的美國風格，出身貧困，克服了他人的歧視。他的童年很悲慘，遭雙親遺棄，在妓院長大。他沒有接受太多基礎教育，也沒有受過正規的音樂教育，但卻創造了一種全新的音樂，讓人無法抗拒的聲音，還創造了舞台上全新的表演方式。詹姆士布朗不得不自力更生，完全靠自己創造，他對於美國音樂的影響深遠，但付出了極大的代價。他的故事是關於尋找認同和自我價值，為他本人和身邊最親近的人展現出偉大的勝利和悲傷。

過去二十年來，我一直對詹姆士布朗的音樂和人生極感興趣。為了製作關於他的電影，我與他本人互動八年——購買他人生故事的版權、確認故事和劇本無誤、一再與他見面討論。但是電影還來不及拍，他就在二〇〇六年過世了，他故事的版權變成他的財產，我很挫折，我們必須從頭開始。

我和滾石樂團（Rolling Stones）的主唱米克傑格有過幾面之緣，他和我一樣對於詹姆士布朗的音樂和故事很著迷。詹姆士布朗過世後，米克傑格打電話給我說：「我們一起來製作這部電影。」他知道我手上有個可用的劇本，他說他會試著重新協商版權。

接著我們必須再次向環球影片公司提出合情合理的解釋——他們在我第一次嘗試製作詹姆士布朗的電影時，就已經賠錢了。

我和米克傑格一起去見環球影片公司的董事長唐娜蘭莉（Donna Langley）。她是英國人，從小就非常崇拜滾石樂團，這次見面很愉快，米克傑格非常優雅、放鬆、能言善道。他與蘭莉討論詹姆士布朗的劇本，以及我們想拍攝的電影類型，完全以他自己專屬的腔調增加了樂趣和吸引力。

結果奏效了。由此可知，即使我在電影界有三十五年的資歷，也獲得了一座奧斯卡獎，但仍然花了十六年的時間讓《激樂人心》登上大銀幕，而且還得靠米克傑格幫忙才能達成。

所以，如果你打算在好萊塢生存（我認為如果你想要在任何職場上生存和出人頭地），就要學會為任何你想做的事情「提供合情合理的解釋」，意思是得回答以下重要的問題：為什麼要做這項計畫？為什麼是現在？為什麼要跟這群人合作？為什麼要從這個投資人取得資金？觀眾（或客戶）是誰？我們要如何吸引那個觀眾（客戶）？

其中最重要的問題，也就是我一直以來每段對話的核心：這是什麼故事？這部電影在講什麼？提出合情合理的解釋也代表要回答關於細節的問題：為什麼電影原聲帶裡的曲目順序要這樣安排？為什麼要找那位女配角來演？為什麼要拍那一場戲？

這些都不是是非題，而是申論題，這些問題的答案本身可以是個故事，有時候是短篇故事，有時候是長篇故事。

我會問這些問題，然後聆聽答案。我確信有時候在聆聽時臉上出現懷疑的表情，而有時候流露出心煩意亂的眼神。

有時候你必須提出更為開放式的問題。

你的焦點是什麼？

你為什麼要把焦點放在那裡？

你擔心些什麼？

你的計畫是什麼？

我認為問問題能讓與你共事的人更積極投入，這一點很微妙。比如說，有部電影碰上了麻煩，你詢問負責推動該電影的主管有什麼計畫，光是問這個問題就可以傳達出兩個訊息。首先，你明確表示出這個主管應該要有個計畫，其次，你也明確表示出是由她來負責這項計畫。問題本身就隱含著這件事的責任歸屬，以及由誰負責想出解決方案。

如果與你共事的人才華洋溢，想繼續執行手上的計畫，那麼他們會想挺身而出。不過人性有個簡單的特質，就是比較喜歡選擇去做某些事情，而不是接到命令才做這些事。事實上，只要你一告訴我必須做某件事，不論是演講、參加宴會、去法國坎城（Cannes），我都會立刻開始找理由拒絕。如果你邀請我做某件事，我想做的意願會比較高。

我每天要跟亮麗、迷人、魅力十足的演員合作，這些人的工作就是要說服你相信他們，具備這項能力才足以成為偉大的演員，也就是說，要有能力向觀眾施魔法，讓他們相信你演什麼像什麼，傑出的演員非常有說服力。

但如果你稍微停下來想一會兒，會發現要雇用這類人實在很難，演員很難管理，因為他們經常能得到自己想要的東西，而且他們的才能就是說服你按照他們希望的方式看世界，打從一開始你就是因為這項才能而雇用他們。

我是一部電影的「老闆」嗎？導演是一部電影的「老闆」嗎？從不同的角度來看，製作人和導演當然都是電影的「老闆」。

出外景拍電影時，每天的花費可能高達三十萬美元，換算下來即使每個人睡覺時，一小時也要花一萬兩千五百美元。

因此，如果有個演員生氣不滿、或希望自己的飛機加滿了油，就會連帶影響其他人，此時他就是老大。

你不能讓其他人出現脫序的表現，但也不能忽略演員的心情。若是某個人的態度變得很惡劣，你就無法得到預期中的成果。

如果花費三十萬美元的一天中出現了一個麻煩，你希望能找到一種對話方式，說服明星來幫你，你希望勸誘他們站入你這一邊，而不是命令他們。

我們在一九九一年拍攝《遠離家園》（*Far and Away*），由湯姆克魯斯（Tom Cruise）領銜主演，當時他才二十九歲，已在事業上交出亮麗的成績單，演出了《捍衛戰士》（*Top Gun*，一九八六年）、《金錢本色》（*The Color of Money*，一九八六年）、《雨人》（*Rain Man*，一九八八年）、《七月四日誕生》（*Born on the Fourth of July*，一九八九年）。

湯姆克魯斯不難共事，但《遠離家園》這部電影在拍攝上極具挑戰性，帶點老派的史詩味道，故事發生在上一世紀，敘述兩個人離開愛爾蘭移民到美國。我們在愛爾蘭和美國西部拍攝，得耗費巨額資金，但這部片的商業氣息不濃。等我們弄清楚所需的費用後，電影公司叫我要削減預算。

我到湯姆克魯斯拍片的地方跟他討論，我說：「你不是這部電影的製作人，但是我們都希望能把它拍好，我們都像藝術家一樣心中有個願景，想要拍出關心的故事，可是整體的花費太高，看來我們不能像原先那樣花這麼多錢了，必須控制預算。」

我對他說：「能不能由你擔任這裡的團隊領導人，帶領這群演員和工作人員？幫忙樹立榜樣？」

他看著我說：「我百分之百配合！」

他說：「如果我得去洗手間，來回都會用跑的，我要帶頭示範，請大家一同追求卓越、尊重，勒緊褲帶節省成本。」

他說到做到，幫忙帶領團隊。他受到了激勵，也激勵其他人。

我並沒有走過去叫他做些什麼，也沒有命令每個人加倍工作、節省開支。我只是解釋我們的狀況，去找受到大家尊重的關鍵人物，問他一個問題：「你能不能擔任這裡的領導人？」

很難保證在類似那種情況下，一定會有說服力或能成功，其中有一部分取決於你的表達方法。我覺得湯姆克魯斯感謝我帶著問題去找他討論，與他平起平坐，請他幫忙一起解決問題，我讓他對於問題究竟為何和如何解決感到好奇。

另一部分是湯姆克魯斯的個性，他不是只考慮到自己的人。

但是在那樣的關鍵時刻，如果你以這種方式商請某人挺身而出，而不是命令他身先士卒，則成功的機會比較高，湯姆克魯斯就是最佳典範。

我認為無論是什麼事，請求別人協助而不是發號施令，幾乎總是比較明智的做事方法。

舉例來說，我覺得我和朗霍華能合作無間，就是因為我們從不告訴對方該怎麼做，我們都是問問題。

如果我需要朗霍華打電話給羅素克洛，我不會說：「朗霍華，我需要你打電話給羅素克洛。」而是會說：

「你覺得打電話給羅素克洛如何？」

或是：「如果你打電話給羅素克洛，你覺得是個好主意嗎？」

或是：「如果你打電話給羅素克洛，你想他會覺得如何？」

除非朗霍華問我具體的是非題，否則我從來不會告訴他該怎麼做。

這種模式也套用在我和湯姆漢克斯、湯姆克魯斯、丹佐華盛頓（Denzel Washington）等人的關係，我不告訴對方怎麼做，只是問問題。

我當然在傳達我想要的事物，但我希望交由別人來選擇，他們知道我想要什麼，但他們有自由意志，可以拒絕。

這不只是個人風格的問題而已，提出問題而非指使別人的真正好處，在於創造出對話的空間，可以聽到不同的想法、不同的策略。

我完全信任朗霍華，我信任他的藝術直覺、商業判斷、他對於我以及我們作品的感情和尊重。

所以我不想說：「朗霍華，我需要你打電話給羅素克洛。」

我想要說：「朗霍華，如果你打電話給羅素克洛會如何呢？」因為如此一來朗霍華可以皺起眉頭，想出另一個不同的方式，向羅素克洛傳達我們要告訴他的事。

我發現用問句還有另一個意想不到的特點：可以傳達價值觀。事實上，如果你希望別人採取某個立場，疑問句比直述句或勸誘更能有效傳達出價值觀。

為什麼我會問電影製作主管是否喜歡那部陷入膠著的電影？因為我希望她能喜歡她為我們製作的電影，我們已經在這個計畫上花了很長一段時間，而在此時，繼續下去的唯一理由就是因為我們喜歡它。如果我對她或其他人說：「我們只製作你真心喜愛的電影。」聽起來很容易淪為一個目標、理論，甚至是老生常談。

如果我直接問：「你喜歡這部電影嗎？」——這個問題清楚顯示出我認為我們真正的優先順序為何。

同樣的方式也適用在湯姆克魯斯和《遠離家園》。如果我從洛杉磯搭飛機到愛爾蘭，開始告訴每個人我們必須省錢，必須更快拍好電影，刪減一些效果，省下伙食費，那麼我只是從洛杉磯飛來宣布壞消息和下命令的主管。

如果我靜靜地和湯姆克魯斯一起坐下來，問他：「你能不能當這裡的領導人？」——這個時刻充分傳達出價值觀，說明了我們關心這部電影，必須在合理的預算內，找到一種方法維護故事的完整性。我需要協助，我非常尊重湯姆克魯斯，請他幫我解決這個問題，幫我管理整部電影。這個強有力的訊息包裝在一句話裡面，結尾用問號而不是句號。

＊　＊　＊

在職場上好奇心不是風格問題，而是比這更為重要。

如果你是老闆，藉由提出問題進行管理，能為你的公司文化或團隊奠定良好的基礎。你讓人們知道老闆願意傾聽，這跟「熱心」或「友善」無關，而是關於理解目前的企業界有多複雜、必然充斥著各式各樣的觀點，以及創意工作有多困難。

為什麼很困難？因為往往沒有標準答案。

請稍微想一下一個似乎非常簡單的例子：Google搜尋頁面的設計。

要設計一個網頁有多少種方法？要設計一個能搜尋網站的網頁有多少種方法？當然有無限多種。

Google網頁以外觀簡單、幾乎毫無裝飾而著名，看起來很清爽，只有一個搜尋框、Google的企業標誌、兩個搜尋鈕：「Google搜尋」和「好手氣」，其餘一片空白。Google的首頁在今日被視為成功的圖形設計，能將複雜混亂的網際網路變成如此簡單方便，可說是經典範例。（Bing和推特的首頁似乎也想仿效Google的精簡效果，但仍忍不住放進許多東西，結果外觀複雜。）

Google搜尋網頁的設計故事有兩個吸引人之處。首先，這完全是意外，賽吉・布林（Sergey Brin）和賴利・佩吉（Larry Page）在一九九八年共同創辦這個搜尋引擎，當時由於布林不熟悉超文件標示語言（HTML）電腦程式碼，所以設計出最簡單的頁面——因為他的能力只到這裡。

其次，大家發現這個簡單的頁面完全不同於其他讓人不知所措的網頁。一般而言，使用者看到如此簡單的畫面，會繼續等其他資料下載，而非輸入關鍵字搜尋。之前Google為了解決這種困擾，在首頁下方特地放上一行很小的版權說明文字（目前已不存在），讓使用者知道網頁已下載完畢。[2]

Google出色首頁背後的故事之所以讓人驚訝，主要是因為它並非經過精心設計，而且這種傑出效果花了一段時間才浮現出來。布林不知道該如何寫出花俏的程式碼，因此乾脆不寫，從現在看來，這個實用的網頁設計方式可說是影響深遠的經典範例，但當初第一次亮相時卻讓許多人摸不著頭緒，不知道如何使用。

但簡單的首頁並不表示Google是家簡單的公司，為了能讓使用者在網路上搜尋然後看到結果，則必須透過大量電腦程式碼和演算，搜尋功能的背後牽涉到數百萬行程式碼——Google信箱、Google Chrome瀏覽器、Google廣告也都是如此。

如果我們能想出幾十種、幾百種搜尋網頁的設計方法，請想像一下，程式碼會有多少種寫法呢？就像一本書的寫法、一個故事在銀幕上的呈現方式可以有無限多種一樣。Google也是在寫故事，只是這個故事用許多零和一的電腦語言來寫。

由此可知，在職場上提出問題而非發號施令具有極高的價值。由於我們目前所碰到的問題，像是降低某個人的膽固醇、讓乘客以有效率的方式登機、或搜尋所有的人類知識等，都沒有單一的標準答案，在各式各樣的答案中，蘊含著許多了不起的想法。

若要能得到各種可能的想法，你必須找出其他人心中的點子和反應，要問他們問題。

你如何看待這個問題？

我們少了些什麼？

有沒有另一種解決方法？

如果我們是客戶，該如何解決這個問題？

這適用於電影界，也適用於其他行業。我喜歡我們所製作的電影，但是我們並沒有拍出《阿波羅十三》或《美麗境界》的「正確」版本，而是製作出手上的版本——在既有的預算下，搭配演員、工作人員和劇本，呈現出最好的版本。

湯姆漢克斯是《阿波羅十三》的主角，演活了現實生活中的太空人洛威爾。《美麗境界》的羅素克洛非常傳神地演出數學家納許的精神、掙扎和內心世界。

他們兩人的演技都十分精湛。

但這顯然並非那些電影可能拍攝的唯一版本——要是我們沒辦法找到湯姆漢克斯和羅素克洛擔任主角呢？我們就會聘請其他演員，如此一來，即使其他每位演員、幕後人員都相同，劇本一字不改，整部影片將呈現不同的風貌。

安娜・卡爾普（Anna Culp）原先是我的助理，在公司已服務十六年，現在是想像娛樂公司電影製作部門資深副總裁。

她提到想像娛樂公司的內部文化：「我們做的每件事都要提出理由，聽到別人問你問題，表示你還有機會把電影做得更好，藉由提出合情合理的解釋來提高電影的品質。

「對我來說，問題代表沒有人永遠是錯的。大多數時候，這些都不是那種關於對錯的決定。

「那些我們後來都很喜歡的電影，你真的無法想像還會以其他方式呈現。但以詹姆士布朗的電影《激樂人心》為例，在這十六年中，那部電影不同的階段有著極為不同的版本。

「對我來說，提出問題已經成為習慣。我總是問：『我為什麼要拍這種題材、這部電影？』

「你知道，如果最後在財務上無法令人滿意——假設不賣座，你還是希望能退一步說：『我仍以這個作品為榮。』

「就某種意義而言，提出問題所帶來的缺點和優點是一樣的。你不確定是否已傳達出訊息，也不確定是否傳達出正確的訊息，因為老闆不會告訴你。我已經數不清楚有多少次開完會後回到自己的辦公室想：『我們製作的這部電影對嗎？我們製作這部電影的方法對嗎？我是否傳達出對的訊息呢？』

「這不是科學，這是創意產業。」

卡爾普說得很清楚，這種「好奇心管理」宛如漣漪散佈到公司各個角落，讓大家每天都仔細看待自己的工作內容和工作方法。

提出問題會讓負責的同仁想出點子採取行動，而且也會賦予他們責任感讓事情完成。問題創造出容納各種點子的空間，也激發了想出這些點子的火花。最重要的是，問題傳達出非常明確的訊息：我們願意傾聽，即使是超乎預期的點子、建議或問題也不例外。

對老闆而言，提出問題具有極高的價值，但我認為在職場中，提出問題對每個職位都一樣重要，員工也應該問老闆問題。如果有人問我那些我自己經常問的開放式問題，我都會心存感激。

你希望能達到什麼？

你有什麼期待？

對你而言這件事最重要的部分是什麼？

這類問題會讓老闆了解，有些事情老闆可能自**認為**交代得非常清楚，但部屬往往不明瞭。

事實上，各個層級的人都應該互相問問題，如此一來，有助於瓦解公司內部或任何職場上不同職位之間的隔閡，還能打破既定的工作階級觀念，一個人的職位高低並不代表他能否提出好點子。

基於許多原因，我很喜歡想像娛樂公司的同仁問我問題，但其中最簡單有力的原因是：如果他們提出問題，接著幾乎總是願意聆聽答案。

一般而言，如果是人們自己先提出問題，就比較願意接納對方給的建議或單純的指示。

想像娛樂公司絕不是個完美的工作環境，我們有沉悶的會議和無生產力的腦力激盪時間，也會溝通不良、產生誤解、錯失良機、推動一些本該放手的計畫。

但是不會有人不敢問問題。

不會有人害怕回答問題。

要讓問題成為管理人員和計畫的核心部分很困難，我個人是出於本能，多年來利用問題鼓勵人們說出想法，自然而然傾聽計畫如何進行，而不是發號施令。

我認為提出問題是尚未受到重視的管理工具。但如果這不是你平常與人互動的方式，則需要有意識的努力才能改變。你必須要有心理準備，提出問題在一開始會讓進度變慢，如果你真的想知道別人怎麼想、想讓其他人承擔更多責任、或是讓一段對話的主題繞著問題和機會，而不是叫其他人聽命行事，則需要花更多時間。

這就像是在你自己的組織擔任記者工作一樣。

如果問問題不是你慣常的風格，這種方法一開始可能會讓人們覺得困惑，所以最好的方式，可能是先挑選一個特定的計畫，然後用問題來管理這個計畫。如果你可以開始在辦公室使用好奇心，會發現一段時間後，效果極為顯著，其他人的創意逐漸萌芽，最後你會得到更多資訊——更了解每天與你共事的這些人、清楚他們的腦袋如何運作，以及工作本身的來龍去脈。

這種文化最關鍵的要素，在於你不能光是連珠砲似的拋出一堆問題，就像警察辦案或律師在法庭上交叉詢問。我們提出問題的目的，不是為了一直聽自己問問題。

提出問題的文化有兩個關鍵要素。首先是問問題的氣氛，在提出問題時，語氣或臉部表情不能表現出你已經知道答案。其次，問問題時不要不耐煩，讓人覺得你迫不及待要問下一個問題。

問問題的重點必須是得到答案。

問題和答案都必須讓一項計畫或決定能有進展。

你必須聆聽答案，不論你是老闆、同事或部屬，都要認真看待對方的回答，否則沒有人會正視問題，你就無法得到發自內心的答案，而且大家很快就不想繼續與你對話。

換句話說，這些問題必須來自於真正的好奇心。如果你沒有足夠的好奇心傾聽答案，所有的問題只會引發嘲諷，降低大家的信任和參與感。

* * *

我童年時期崇拜的英雄是沙克，這位醫生兼科學家率先發明了預防小兒麻痺症的疫苗，沙克對世人貢獻良多。

在今天，很難想像當年美國的家長和孩子一聽到小兒麻痺，就聞風喪膽。這個可怕的疾病又稱脊髓灰質炎，是由脊髓灰質炎病毒感染脊髓神經的灰白質，會造成孩童死亡或終生殘廢，如果病情嚴重的話，終其一生都得使用稱為鐵肺的人工呼吸器。小兒麻痺症無藥可醫，要是孩童的脖子感到僵硬或疼痛，得急忙找醫生或到醫院，有些個案幾小時內就宣告不治。

小兒麻痺症的傳染性極高，但傳染途徑究竟是什麼仍不清楚，所以這個流行病在美國爆發後，父母會讓孩子留在家中，不去人潮聚集的場所，因此孩子不能去看電影、夏令營、海邊或游泳池。

一九五二年，也就是我出生後一年，美國出現了一次小兒麻痺症大流行，五萬八千人得病，三千一百四十五人死亡，二萬一千二百六十九人留下後遺症。[3]

光看娛樂圈得過小兒麻痺症的人數，就足以說明當年這個傳染病有多普遍和多危險，包括亞倫・艾達（Alan Alda）、米亞・法羅（Mia Farrow）、梅爾・法利爾（Mel Ferrer）、法蘭西斯・福特・柯波拉（Francis Ford Coppola）、唐納・蘇德蘭（Donald Sutherland）、強尼・維斯穆勒（Johnny Weissmuller）。此外，科幻小說作家亞瑟・查理斯・克拉克（Arthur C. Clarke）以及偉大的報社編輯本・布萊德利（Ben Bradlee）也罹患小兒麻痺症，而小提琴家伊扎克・帕爾曼（Itzhak

Perlman）仍需藉助支架和拐杖才能行走。[4]

沙克是個意志堅定且思考相當獨立的病毒學家，他在匹茲堡大學（University of Pittsburgh）工作時研發出預防小兒麻痺症的疫苗，方法是將病毒殺死以後做成「非活性疫苗」，注射到人體刺激免疫系統，接種兩劑即可對此病毒免疫。[5]

一九五五年正式宣布沙克疫苗安全有效後，沙克隨即成為全美和全球的英雄。各單位立即推動疫苗接種計畫，到了五〇年代末期，美國小兒麻痺症的病例只剩幾百個，成千上萬的人因此得救，不用擔心終生殘廢或飽受死亡威脅，大家再也不必活在小兒麻痺症的陰影下。[6]

沙克博士出生於一九一四年，他發明疫苗時只有四十歲。在我決定與他見面時，他已經成立了一個科學研究中心，叫做沙克生物研究所（Salk Institute for Biological Studies），位於加州聖地亞哥市北部的拉霍亞（La Jolla）。

沙克當時將近七十歲，幾乎不太可能聯絡到他。

我花了一年多的時間只為了得到他辦公室員工的注意力。最後，我發現沙克博士的女助理叫做瓊・亞伯拉罕森（Joan Abrahamson），她本身是麥克阿瑟獎（MacArthur Award，所謂的「天才獎」）得主。

我定期與她聯絡，她知道我非常仰慕沙克博士，而且迫切渴望見到他。她知道沙克博士雖然一直保持低調，卻不是只活在自己世界的典型科學家，他的興趣廣泛，可能會有興趣了解電影業。

當時是一九八四年，《美人魚》剛上映不久，亞伯拉罕森告訴我，沙克博士會在比佛利山威爾希爾飯店的科學會議上發表演說，如果我想在當天早上到那裡與他們見面，他可以在休息時間跟我聊聊。

這樣的安排當然不完美，大型研討會往往很擁擠、讓人分心、十分混亂，即使如此，我絕對不會拒絕。研討會那天早上，我起床後覺得有點不舒服，很疲憊、頭暈、喉嚨有點癢。

我當天早上到了威爾希爾飯店時，覺得自己臉露病容，如果不是為了見沙克博士，我會立刻打道回府。

接近中午時，我見到了亞伯拉罕森和沙克博士，他看著我，有點擔心地說：「你怎麼了？」

我說：「沙克博士，我今天早上不太舒服，有點頭暈，可能生病了。」

他立刻說：「我去幫你拿一杯柳橙汁。」我還來不及說些什麼，他就已經跑去餐廳，帶了一大杯柳橙汁回來。

在那個年代，大多數人仍不知道如果剛生病，喝柳橙汁有助於恢復精神的醫學研究。他說：「喝下去，可以增加血糖，很快就會感覺好多了。」

我把整杯都喝完了，他說的沒錯，的確有效。

我們第一次見面的情況有點不可思議，沙克博士非常平易近人、很有人情味、觀察力敏銳，絲毫不像是封閉在自己世界裡的天才。其實他的行為舉止儼然像個醫生，一眼就注意到我不對勁，而且想要照顧我。

我們那天早上的對話很簡短，不超過三十分鐘。沙克博士的骨架不大、個性友善、做事投入、才高八斗。我們討論了一些他在沙克生物研究所的研究（他職業生涯的晚期，花很多時間想要研發出愛滋病疫苗），以及拯救這麼多人的生命帶來的影響，他對於這一點毫不居功。

最後沙克博士邀請我去參觀沙克生物研究所，我真的去了，我們發展出一段很棒的友誼。他對於我好奇心對話的想法很著迷，提出一個進階版，他建議說，我們兩人各自邀請幾個非常有趣的人，一起到我馬里布的家中舉行為期一天的對話，這樣總共有六到八個人，完全來自不同的領域，在輕鬆的氣氛下度過一天，分享自己的困難、經驗和問題。多美妙的想法啊！我們真的付諸實行。

沙克博士邀請了一位來自加州理工學院（Caltech）的機器人專家，以及擅長藝術教育理論的教授貝蒂．愛德華（Betty Edwards），她寫了《像藝術家一樣思考》（*Drawing on the Right Side of the Brain*）一書。我找來了導演兼製作人薛尼．波拉克〔Sydney Pollack，作品有《遠離非洲》（*Out of Africa*）、《窈窕淑男》（*Tootsie*）〕，以及製作人喬治．盧卡斯〔George Lucas，作品有《星際大戰》和《印第安那．瓊斯》（*Indiana Jones*）系列電影〕，盧卡斯還帶了他當時的女友，知名歌手琳達．

朗絲黛（Linda Ronstadt）。

整件事情出自於沙克博士的點子，他充滿好奇心，特別想了解「媒體腦袋」如何運作、像盧卡斯和波拉克這種人看待世界的方式、他們的作品，以及如何說故事。那天的氣氛很輕鬆，大家都不做作，我們並沒有為這個世界解決了什麼問題，而是把這幾個平常毫無交集的人聚集在一個空間裡。

然而，沙克讓我印象最深刻的還是我們初次見面的那一刻，打從一開始他就展現出誠實率真的人際互動技巧，雖然他只是在研討會中場休息時見到我，卻注意到我看起來氣色不佳，非常體貼地詢問原因，立即提供協助。在現在這個時代，如果其他人出於關切問我們問題，而且願意停下來傾聽答案，似乎會讓人嚇一大跳。

好奇心會帶來同理心，若要真正關心某個人，就必須有意願更了解對方。

好奇心會讓人產生興趣，也會讓人感到興奮。

美好的第一次約會經驗，通常充滿了一連串的問題和答案，因為認識了新朋友、了解對方與你的相同和相異點而興奮不已，已經不曉得到底是問對方問題還是回答對方的問題比較有趣。

但幾個月或幾年後，你會和男朋友或女朋友、先生或太太愈來愈熟悉，這是一段穩定的親密關係所帶來的優點和安全感：你感覺彷彿了解對方，可以信賴對方和他們的反應，甚至也許能推測他們的反應。

你深愛對方，愛著那個人在你心中和腦海中認定的版本。

但熟悉是好奇心的敵人。

如果我們對於親近的人失去了好奇心，從那時起我們的關係就開始搖搖欲墜，以幾乎看不見的方式，悄悄地損害這段關係。要是我們不再對身旁的人提出發自內心真正關切的問題，甚至也不再認真傾聽答案，則這段關係會開始漸行漸遠。

親愛的，今天在辦公室有沒有發生什麼事呢？

沒什麼特別的事，你呢？

請你想像一個畫面，有對大約三十五歲的夫妻，到了晚上九點鐘兩個小孩已經上床睡覺，一天下來兩人都很累了，可能在清理廚房、摺衣服、坐在房間裡或正準備上床睡覺，夜深人靜，所有的例行事項通通湧進他們的腦海裡：生日派對的邀請卡我寄了嗎？明天的計畫審查我要怎麼應付莎莉（Sally）？我搞不懂為什麼湯姆（Tom）最近如此冷淡？我又忘了去訂機票！這對夫妻的對話內容並不連貫，純粹講求效用——你去做這個，我去做那個。

也許這只是一段睡前疲勞和寧靜的時刻，但如果你把一整個月像這樣子的夜晚串在一起，把一整年像這樣子的夜晚串在一起，就會看出一段關係疏離的原因。

熟悉感讓人很舒服，甚至很安心，但是夫妻兩人卻不再對對方感到好奇——真正的好奇。他們不發自內心問問題，也不聽對方回答。

這個例子當然有點簡化，但是如果要為你的人際關係恢復能量和興奮感，最快的方法就是注入一些真正的好奇心，詢問配偶一天發生的事情，仔細聆聽答案，詢問孩子好朋友的狀況、今天上的課程、在學校發生什麼有趣的事，然後專心聆聽答案。

提出一些你在第一次約會時會問的問題，詢問他們的感受，了解他們的反應，例如：

對於……，你覺得如何？

對於……，你有什麼想法？

至於我們經常提出的那些老掉牙問題並不管用，像是：「今天公司發生了什麼事？」「今天學校發生了什麼事？」

這些問題很容易敷衍了事，在九五%的情況下，回答往往都是：「沒事。」彷彿你太太在辦公室或小孩在學校一整天默默盯著空白的牆壁八小時，然後就回家了。

你必須提出不能簡單咕噥幾個字就可輕鬆帶過的問題，比如說：

莎莉對於你為了推銷產品而想出的新點子有什麼看法？

你喜歡梅爾（Meyer）老師的歷史課嗎？

你對於下週在大會上的演講有什麼想法？

今年的音樂劇誰要去參加選拔呢？

也許我們這個週末應該做點不一樣的事，你星期六下午想做些什麼？

如果夫妻雙方都再度發揮真正的好奇心，可以挽回多少日漸疏離無趣的婚姻呢？我們需要每天提醒自己，雖然我和這個人住在一起，但是除非我開口問，否則不會知道她**今天**發生的事。

我們不該只是把身邊的親密關係視為理所當然，自認為非常了解他們、知道他們今天發生的事、明白他們的想法。

因為實際上並非如此。這就是好奇心帶來的一部分樂趣和價值：創造出讓人驚奇的時刻。而在驚奇的時刻到來之前，則是尊重的時刻。真正的好奇心需要尊重，我在乎你，我關心你在這世界的經驗，我願意傾聽。

這又讓我想到朗霍華，我覺得我對他和對其他人一樣非常了解，於公於私都極度依賴他，但是我從來不會認定自己知道他發生了什麼事，不會假設自己知道他對某件事的反應，所以我會開口詢問。

這種尊重、好奇和驚奇不僅適用在我們的親密關係，在職場上也非常有力。從這種角度來說，每段對話都可以是一次好奇心對話，這又再次證明好奇心本質上是尊重——你不只向與你談話的人提出問題，你真的是對她要說的內容、觀點和經歷感興趣。

在職場上，你的管理方式可以是藉由單向傳達訊息給對方——但這麼做可能效果不彰。若要成為好主管，必須了解與你共事的人，如果你都是光說不聽，就無法了解他們。

如果你不了解這些同事，絕對無法激勵他們。

在家裡，即使你與伴侶或孩子共處一室，但除非你問他們問題、聆聽答案，否則就無法與他們產生連結。好奇心是開啟這些關係的大門，要是之前關上了，仍然能藉此重新打開，好奇心可以讓你遠離寂寞。

順帶提一下：我喜歡別人對我感到好奇，要是有人問我有趣的問題我會很開心，我享受很棒的對話，我對於說故事樂在其中。成為其他人好奇的對象，幾乎與對其他事情感到好奇帶來一樣多的樂趣。

好奇心不見得是要達到什麼目的、或通往某個目標。

有時候只是要跟人產生連結，也就是說，好奇心有助於維持親密感，與目標無關，而是關於快樂。

* * *

你對某個人的愛當然也會促使你對他感到好奇。

我的大兒子萊利（Riley）出生於一九八六年，他大約三歲半時，我們發覺他的神經系統、心理和反應有些異狀。我和萊利的媽媽〔我當時的太太庫姬（Corki）〕花了許多年的時間，想了解他的發展究竟出了什麼問題，等到他七歲時診斷出是亞斯伯格症。

當時是九〇年代初期，對於亞斯伯格症的治療比現在更不明確。萊利是個快樂的小孩，很想要社交，我們希望能以最有建設性的方式幫助他與這個世界產生連結。

我們嘗試了不同的教育風格，嘗試一些特殊的眼鏡調整他的視力，也讓他服用利他能，不過只服用了一陣子。對於我、萊利的母親和他本人來說，幫助他獲取所需的協助彷彿是趟無止境的旅程。

隨著萊利逐漸成長，我開始思考精神疾病，以及這個疾病被貼上的標籤。我自己也曾因為閱讀障礙而被貼上標籤，不過我後來走出了這個陰霾。萊利很親切又討人喜歡，但是如果你不了解他的世界，可能會對他感到困惑不已。我想要製作一部電影，能真正面對精神疾病的問題，希望有助於拿掉大家對它貼上的標籤，我一直在找尋一個點子。

在一九九八年春天，《浮華世界》的主編葛雷登・卡特打電話告訴我，叫我一定要讀他們六月出版的雜誌，裡面有一篇文章是摘錄自西爾維雅・娜薩（Sylvia Nasar）寫的書《美麗境界》，內容敘述諾貝爾獎得主納許的人生故事，這位數學家畢業於普林斯頓，飽受嚴重的精神分裂症所苦。雜誌上的摘錄文章很吸引人，這個真人真事是關於天才和精神分裂症，結合了成就、精神疾病、克服外界異樣的眼光。我在讀《浮華世界》的文字時，心裡就想到萊利。

我立刻明白兩件事：我想把《美麗境界》這本書拍成電影，描述數學家納許獲得諾貝爾獎和精神分裂症的人生故事；而且我希望這部電影能打動人心，改變大家對於身心障礙或精神病患的心態，甚至改變大家對待他們的行為。

《美麗境界》這本書的魅力，有一部分是來自於作者極為驚人的見解：不只是一般人很難與這些與眾不同的人互動，這些受精神疾病所苦的人也很難與其他人互動，他們非常努力想了解世界運作的方式和別人給他們的回應。

後來為了《美麗境界》這本書的電影版權舉行了一場拍賣會，在會場上，我坐下來跟娜薩、納許和他的太太艾莉西亞（Alicia）一起聊天，他們想知道我為什麼想拍這部電影，以及我想把它拍成哪種類型的電影。

我稍微聊到我的兒子，不過主要還是談論納許的故事。在當時，我已經製作了兩部關於真人真事的電影，也有這類購買版權的經驗——《門》（*The Doors*）和《阿波羅十三》。你得老實告訴對方，你打算根據他的人生拍出什麼樣的電影，你必須據實以告，等到取得了電影版權，就要實現諾言。

我告訴納許我不會把他塑造成完美無瑕的人，他很聰明，但也非常自傲，個性強悍，這一點很重要。他和太太愛情故事很美，我說：「我想製作一部電影，讓大家知道你美麗的內心和愛情故事。」

這就是我們後來所製作的電影。我們找了編劇阿奇瓦・高斯曼（Akiva Goldsman）和導演朗霍華，搭配羅素克洛和珍妮佛康納莉（Jennifer Connelly）精湛的演技，在銀幕上傳神地呈現出這部電影的精髓。

我們製作這部電影的早期階段，我在思索如何傳達精神分裂患者的思維模式——如何在銀幕上呈現。娜薩的書沒有提到患者面對的不同世界，但是我不希望《美麗境界》這部電影，只是單從納許身邊的人的角度來描述他，因為如此一來，就無法提供我們想要呈現的啟示或連結。

在《美麗境界》的製作八字都還沒一撇前，有一天我突然想到了解決方法。我和萊利一起看庫柏力克執導的《鬼店》（*The Shining*），其中有一幕是傑克尼克遜（Jack Nicholson）在酒吧與不存在的人交談。我立刻靈機一動，心想我們應該找到一種方式呈現出納許的世界——希望能從他的觀點，顯示出精神分裂患者的心理運作模式和看到的世界。這正是我們所做的：在電影中，納許的世界與其他人並沒有兩樣。

高斯曼完全理解這個想法，我認為這正是電影成功的原動力，當然還得加上羅素克洛和珍妮佛康納莉完美的演出。

這部電影不只叫好，而且很叫座，榮獲四項奧斯卡獎，我和朗霍華獲得最佳影片獎、朗霍華獲得最佳導演獎、高斯曼獲得最佳改編劇本獎、珍妮佛康納莉獲得最佳女配角獎。二〇〇二年奧斯卡頒獎典禮那晚，納許和艾莉西亞也與我們一起出席。

但這部電影真正的成功之處，是它影響了許多人的生命，之前我走在馬路上（現在仍是如此），人們會走上前跟我說：「你幫我了解我的孩子（或我的侄女、或我的母親）所經歷的事。」我記得電影上映不久後，在馬里布一帶的勞爾夫超市（Ralph’s supermarket）裡，有個女人走到我面前，告訴我這部電影讓她潸然淚下。

我並不是只因為這個故事讓我深受感動而拍攝了《美麗境界》，我們拍攝的手法是直接來自於我個人的經驗。對我來說，就是因為我們運用這種手法拍攝，才讓它成為如此震撼人心和珍貴的電影。我想幫助萊利的好奇心和決心引領我拍出《美麗境界》，我身為他父親的經驗，以及看著他體驗這個世界的過程，帶領我們親身經歷精神疾病的治療方法。在我所製作的電影中，《美麗境界》絕對是我最滿意的一部，這一點無庸置疑。

6 好品味，以及適時收起好奇心的力量

「如果我們不能抱持懷疑的態度提出問題，質問那些告訴我們某件事為真的人，則很容易落入下一個政治或宗教騙子設下的圈套。」

——薩根[1]

我們在想像娛樂公司製作的電影場景、故事和風格種類眾多，不一而足。

我們製作了一部關於實現美國夢的電影，主角是個不太識字的黑人，在七〇年代的紐約憑藉販賣海洛因崛起，成為黑道大哥，這部電影《美國黑幫》也是關於美國資本主義的價值觀。

我們製作了一部電影，敘述德州小鎮上一個高中美式足球隊的努力和熱情，這部電影在描述這群男孩如何成長、如何發現自己是誰，也是關於團隊精神、群體和認同。此外，也與失望有關，因為《勝利之光》這部電影的高潮是波米恩高中的豹隊（Permian High Panthers）輸掉了重要的比賽。

我們製作了一部電影叫《街頭痞子》，內容是關於一位嘻哈歌手——一位白人饒舌歌手。

我們針對電影《深喉嚨》（*Deep Throat*）製作了一部電影，敘述那部關於口交的色情電影如何在我們文化裡扮演了重要地位。

我們製作了一部電影，描述得到諾貝爾獎的數學家，但《美麗境界》其實是在闡述精神疾病、精神分裂症患者所面對的世界，以及他們如何努力融入一般人的世界。

關於上述所有電影有兩件事情千真萬確。

首先，它們都在描述主角的心路歷程，如何發現自己的優缺點，克服情感傷害而成為成熟的人。對我來說，美國夢代表著克服障礙——這些障礙包括你生下來的環境、不足的教育、其他人看待你的方式、你自己腦袋裡的東西，克服障礙本身就是一種藝術形式。因此，如果真要說我製作的電影有個一貫的主題，那就是如何突破自己的極限而邁向成功。

其次，在好萊塢沒有人真的想拍這些電影。

在前面的章節中，我已經談過使用好奇心來面對好萊塢和一般職場上常聽到的「不行」。對於大多數稍微偏離主流的想法，大家的第一個反應就是覺得不妥，而一旦感到不妥時，第一個反應就是說「不行」。

為什麼我們要讚揚海洛因毒梟？[2]

球隊不是應該要贏得重要比賽嗎？

誰想要看整部探討白人饒舌歌手力爭上游的電影？

對我來說，好奇心有助於發現與眾不同且有趣的點子，好奇心提供了豐富的經驗和對於流行文化的理解，賦予我一股直覺，能對於新鮮事產生共鳴。此外，好奇心給了我無比的勇氣，膽敢對那些有趣的點子懷抱信心，就算偏離主流也不擔心。

有時候，你不光是想做出符合潮流吸引群眾的作品，而是想為大家創造跳脫傳統的東西。

我喜歡富含靈魂的電影計畫——能與人心連結的故事和角色。我喜歡抱持著某種信念，喜歡打破傳統的想法，嘗試犀利的主題，但又不至於誇張過了頭。

但此時我碰到了一個非常重要且恰好相反的情況，那就是好奇心的極限。

有時候你需要適時適度收起好奇心（anti-curiosity）。

如果我很喜歡一個標新立異的點子，最後我會說：「我要去做。」

不要告訴我為什麼這是個壞主意——我就是要做。這就是我收起好奇心的時候。

收起好奇心不單是下定決心擁護一個有趣的想法，不顧一切的懷疑和拒絕而一意孤行，收起好奇心其實是更為具體且重要的事情。

你在那一刻關上了好奇心的大門，不願意得到更多的資訊，而且可能必須告訴別人：「不用了，沒關係，你不要再告訴我任何拒絕的理由。」

這就是我的意思。當你在為一部電影尋求財務和人力上的支援，你在心中已經為這部電影提出合情合理的解釋，早已一次又一次地告訴自己為什麼這個故事很有趣、為什麼這個劇本很好、為什麼你為這部電影所挑選的演員最適合故事內容和劇本。

好萊塢的每個人都知道如何「提出合情合理的解釋」，這就是我們一整天在對彼此做的事，每個成功的製作人、導演或演員都擅長「提出合情合理的解釋」。

要是有人跟我說「不行」，你會以為我的反應是立刻覺得很好奇，為什麼他們說「不行」，也許他們擔心某件小事情，某件我可以輕易解決的事情，也許連續四個人提出同樣的批評，跟我解釋他們之所以說「不行」的理由，而且完全一模一樣——為什麼我不想聽到這些？因為也許我聽到自己的點子得不到支持後，就像一個聰明的政治家看到民調結果，就會改變心意。

但是這種做法行不通。如此一來，你只會把一個原本有趣又不落俗套的故事，最後重新改版成另一個完全不同的故事，以配合時下流行的觀點。

所以，一旦有人告訴我「不行」，幾乎總是到此為止，我不希望他們繼續發表具說服力的長篇大論，說明他們為什麼認為我的想法沒有好處、不適合他們、或是如果我能稍微重新調整一下會更好。

我拒絕聽到那些資訊，因為我擔心會被說服而放棄自己真心相信的東西，也很擔心被說服而去相信原本不認同的東西——就只是因為有個能言善道的聰明人，坐在我面前提出**他**合情合理的解釋。

如果我對某件重要的事，像是我們應該要拍哪部電影，已經有了自己的想法，如果我投入很多時間、金錢、好奇心的話，就不想再得到更多相關資訊，我不希望你試圖「重新評估」我做好的藝術決定。

非常感謝，但我不需要你的評論。

因為我很清楚了解另一件事。

你並不知道究竟什麼才是好點子。

其實你和我一樣，都不知道何謂好點子。在好萊塢，電影尚未登上大銀幕前，沒有人真的清楚什麼叫做好點子，只有在看到成果後，我們才會知道這是個**好**點子。

順帶一提，這跟一部電影是否成功無關。在想像娛樂公司裡，我們製作了一些成功的電影，但不見得是偉大的電影。更重要的是，我們也製作了一些很偉大但票房不佳的電影，例如《決戰終點線》（*Rush*）、《激樂人心》、《請問總統先生》、《門》。

在一開始，我對於一個很棒的點子、有趣的點子充滿熱情，但對另一個人來說，也同樣堅決認定它不是個好點子，這個點子究竟是否有價值此時仍不明確，需要能量、決心和樂觀的態度繼續向前推動。我不希望把別人消極的想法裝到我的腦袋裡，破壞我的信心，我不需要聽到一長串的批評——無論出於真心與否。當你想製作某部電影，而且提出了合情合理的解釋，早已花了幾個月或幾年的時間在上面，你必須建立一層刀槍不入的防護罩，才能完成這部電影，並且保護它。

要是我想邀請某些人加入我們的行列，我平常的做法如下：

我會提供劇本和所有相關資訊，讓對方知道我是製作人、朗霍華是導演、預算多少、演員名單。

過了一陣子我會打電話，對方會說：「這次我們沒辦法參與。」

我會說：「你不參與？真的嗎？你**確定**不參與嗎？好吧，非常感謝你，我真的很感謝你花時間看這些內容。」

如果我認為對方真的是不二人選，如果我覺得是他做了錯誤的決定，我可能會說：「你不能說不行！你得答應！」

但是就到此為止，沒有好奇心，築起一道牆，收起好奇心。

因為我並不需要有人表示懷疑，雖然他們花一小時思索這個計畫，但我已經花了三年的時間深思熟慮。如果他們說不行，我必須對這個點子懷抱著決心和信心，繼續去找下一個和我志同道合的人。要是你一直消化吸收其他人的批評，則不可能成就任何事。

過去有幾度我太快收起好奇心。一九八六年，我和朗霍華讓想像娛樂公司公開上市，[3]我們認為如此一來，將能以創新的方式經營一家創意公司，但是上市公司的營運比私人企業要複雜許多，尤其在電影和電視製作這種成王敗寇的創意產業更是如此。我們的資金不足，不適應上市公司所有的相關規則，例如我們必須揭露的內容、可以談論或不能談論的內容等。七年後，我和朗霍華於一九九三年從股東手中把公司買回來，我們在上市之前，的確沒有發揮足夠的好奇心去了解「上市」公司必須做到哪些要求。

談到電影，倒是有個例子讓我真的謹記在心，告誡自己當時不應該收起好奇心——那部一九九〇年奇怪的電影《哭泣寶貝》（*Cry-Baby*），好奇心讓我對那部電影感興趣，導演約翰・沃特斯（John Waters）提供了劇本，我讀了之後深受吸引。

當時，我剛看過沃特斯編寫和執導的電影《髮膠明星夢》（*Hairspray*），非常喜歡，心想《哭泣寶貝》的票房可能會兩極化，要不是一敗塗地，不然就是異軍突起，像《火爆浪子》（*Grease*）一樣意外受歡迎，因此我點頭答應。我們與沃特斯以及一群相當棒的演員合作，由強尼戴普（Johnny Depp）擔任男主角（這是他電影演出的一大突破），還有威廉・達佛（Willem Dafoe）、派蒂・赫斯特、特洛伊・唐納修（Troy Donahue）、喬伊・希瑟頓（Joey Heatherton）、伊吉・帕普

（Iggy Pop）、崔西·羅德茲（Traci Lords）等人。

我喜歡與沃特斯合作，也喜歡與強尼戴普合作。但是我少做了一件事：我沒有回頭去看沃特斯其他的電影，有幾個人提醒我要這麼做，有人說：「在你花錢買下沃特斯的電影之前，去看一些他以前的電影，他的作品不是主流派。」也有人說：「在你同意製作《哭泣寶貝》之前，至少先看一下他那部前衛的電影《粉紅火鶴》（*Pink Flamingos*）。」

我完全沒有聽信其他人的建議，不希望內心有任何猶豫，我已經認定自己有足夠的好奇心，能看清這部沃特斯電影。

結果《哭泣寶貝》的票房非常差。

這次的教訓顯而易見：我應該要去看沃特斯以前的電影，應該去看《粉紅火鶴》，我根本無法接受那個劇本。我當時過於興奮，不想質疑自己的直覺。

因此，你要怎麼知道究竟何時不要感到好奇？

實際運作上確實有其難度。

在大多數情況，好奇心會提供動力，激勵你向前，帶你走到不曾去過的地方，認識素未謀面的人，讓你從已經認識的人身上學到新東西。

有時候，好奇心會引領你到極為不愉快或痛苦但卻很重要的地方。很難忍下心來閱讀關於虐待孩童、戰爭的主題，很難忍下心來聆聽所愛的人經歷的痛苦，但在這些情況下，你都有義務去學習、傾聽和理解。

有時候，你必須聽別人對你的批評——聰明的老闆可能會提供很棒的建議，讓你提升工作效率、寫出更好的文案、更具說服力。同事也許能讓你知道你做錯了哪些步驟而讓自己無法順利完成工作、或破壞了你需要培養的人際關係。

在上述情況下，即使談話內容可能不太愉快，但是抱持好奇心和願意聆聽會帶來有建設性的結果。

要是對方給的回應與你需要的結果背道而馳，例如潑冷水、澆熄熱情、腐蝕你的信心，此時你就知道要停止發揮好奇心。如果你得到的批評沒什麼效用，這時就該收起好奇心。

＊　＊　＊

我承認自己無法明確指出有趣的點子從何而來，但我知道一般而言，一定是先混合了許多經驗、資訊和觀點，接著要留意不尋常、具有啟發性的新想法。不過，知道好點子從何而來並不重要，重要的是，一旦你看到自認為有趣的點子，能不能一眼就認出來。

當然，這裡會出現一個問題，因為我剛才說，在好萊塢除非我們真的看到實際的作品，否則一開始根本沒有人真的了解何謂好點子。

但是我只要一看到好點子、有趣的想法出現，就有能力辨識。

比如說一部電視影集，運用與現實時間同步的概念拍攝好人追捕恐怖分子的劇情，這是個有趣的點子。

一部電影內容敘述一個聰明絕頂的怪人，如何影響了聯邦調查局四十年，而且因此改變了打擊犯罪和美國本身，這是個有趣的點子。

金凱瑞飾演一位二十四小時內不能說謊的律師，這是個有趣的點子。

湯姆漢克斯飾演一位哈佛教授，必須找尋聖杯替自己洗刷謀殺罪名，在過程中揭開了天主教會最深的祕密，這是個有趣的點子。

所有這些點子的成果都相當好，我一開始就覺得它們是好點子，分別為每個點子組成了團隊，每個團隊都製作出一流的電影和電視影集。

我們也有一些結果不盡如人意的點子，像是電影《最後一擊》（*Cinderella Man*），羅素克洛演出一九二〇年代失意的拳擊手，後來東山再起成為世界冠軍，這部電影並不賣座，但卻是部好電影。

另一部是《請問總統先生》，拍攝弗羅斯特與蒙羞的尼克森總統四次訪談內容，一樣也不賣座，但也是部好電影，榮獲五項奧斯卡獎提名和五項金球獎（Golden Globe）提名。

你可能喜歡也可能不喜歡那些電視影集或電影，重要的是，我接觸到這些點子時，認為它們有價值，覺得很有意思。我對於這些點子都熱情十足，積極投入，不是只把它們看做有趣的點子，而是發自內心相信它們很有趣，接著我的行為舉止也表現出它們是有趣的點子。

我怎麼知道它們有價值呢？

這是個人品味的問題。

在我看來，這些點子都很好，但是我對於電影或電視影集的想法，與帶爆米花買票進電影院看《王牌大騙子》或《最後一擊》的觀眾不見得相同。

我對於這類說故事的「想法」是基於幾十年的經驗——聽人談論電影的點子、閱讀推銷文宣、看劇本，了解點子、劇本和銀幕之間的關係。我想法背後的基礎，在於一次又一次釐清如何創造出有品質的電影和電視節目，並且努力去理解為什麼有時候品質會影響受歡迎程度，而為什麼有時候不會。

我想法背後的基礎，是演藝圈外的人永遠也看不到的，因為我和其他人一樣也經常說「不行」，有些人極力推銷某些故事，但我們不願意製作，取決的重要標準就是品味。正如我前面提到我與一位女主管討論陷入膠著的電影，那段對話的重點就在於我們努力製作自己喜歡的電影，我們渴望拍出讓人感覺有品味的電影。

我自認對電影的品味很好，但這顯然是我個人對品味的感受。史蒂芬史匹柏對電影的品味很好，詹姆斯．卡麥隆（James Cameron）對電影的品味也很好，不過他們的電影看起來和我們一點也不像。

如果你有好品味，下列三件事絕對千真萬確：第一，你必須有能力判斷某個東西的品質，無論是音樂或藝術、建築或烹飪、電影或書籍。第二，你對於某件事是否有價值的感覺，純屬個人的想法，你的判斷結果端視你切入的角度。第三，你的判斷結果也有著普遍性——你的品味能廣受經驗不如你豐富的人理解和欣賞，他們不像你已經發展出良好的品味。綜上所述，你的好品味經由多年的教育和經驗累積而來，有自己的獨特性，而且也有一定程度的群眾吸引力。

事實上，這就是品味代表的意思：你可以表達出一種受過教育、有經驗的想法，而其他人可以予以認同或辯駁。

我認為，好點子來自於我將過去四十年的經驗（我的品味）融會貫通後運用的結果，當然實際運作上會再稍微複雜些。比如說，我認定的好點子在商業上不可行，或是我偶爾可能會挑選一個純粹好玩的計畫，不見得最有品味，但是極富娛樂效果。

我們多數人都需要好奇心，才能找到有趣的好點子。

若要能辨識出這些好點子，而且深具信心，則你需要好品味。

想要發展出那種帶有個人風格和判斷力絕佳的好品味，你也需要好奇心。

我的品味主要是來自於：好奇心和經驗。

如果你只聽過一首歌，例如滾石樂團的〈給我庇護〉（Gimme Shelter），不可能發展出完整的音樂品味。如果你只看過沃荷或安德魯．魏斯（Andrew Wyeth）的作品，那你的藝術品味還不夠成熟。

你可能會說：「嘿，我真的很喜歡那首歌。」或是：「嘿，我真的不喜歡魏斯的畫作。」但這不是品味，而是想法。

培養品味是指大量接觸某樣東西，像是各式各樣的音樂、種類眾多的藝術，而且不僅是接觸，還要提出問題：「為什麼沃荷被公認為偉大的藝術家？他創作時思考什麼？其他人（已經培養出好品味的人）對他的藝術有什麼看法？還有哪些作品是與沃荷同時期創作出來的？他最好的作品是哪些？誰覺得他的藝術品很偉大？沃荷影響了哪些藝術家？沃荷還影響了哪些文化層面？」

顯而易見地，關注你有興趣的東西會事半功倍，因為培養品味需要投入大量的時間，如果你根本不喜歡聽饒舌音樂，則培養饒舌音樂的品味毫無意義，歌劇也是同理可證。

好奇心的重點並不是說服你認同其他人看待沃荷的觀點，而是給你一個了解他作品的架構，你還是可以有自己的回應，你可以說：「我了解沃荷的重要地位，但我真的不喜歡他的藝術，我不喜歡這種風格。」

好奇心的重點並不是把有趣的事（例如音樂）變成苦差事。我們都認識一些非常沉迷於現代音樂的人，他們對於每個新樂團都耳熟能詳，十分清楚每種新風格，了解誰製作了什麼樂曲，誰的曲風影響了誰。這些音樂迷會列出精選歌單，因為他們樂在其中，內心自然流動的好奇心讓他們對音樂著迷不已。

品味是在一個框架下，根據你的判斷結果而產生的想法，品味會為你的判斷結果提供信心，品味會讓你更有自信，因為你對喜歡的東西更加了解，你知道什麼是好的，什麼是不好的。品味可以提供判斷力，幫你評估某件新事物，不但能提出像「這是好點子嗎？」這類的問題，而且還有能力回答。

對我來說，之前幾十次的好奇心對話，為我奠下良好的基礎，培養出對於音樂、藝術、建築、流行文化的品味，給了我一個資訊過濾器，以評估所接觸的事物，無論是電影的點子、有關粒子物理學發展的對話、或電子舞曲。但這並非給了我一個「更好的」過濾器，我有我自己的品味，卻絕對是給了我一個資訊更為充足的過濾器。與我對話的這些人，對於我在乎的主題經驗都很豐富，而且他們自己也有極佳的品味。那種好奇心讓我對自己的判斷力有信心。

在使用好奇心培養好品味時，有個小地方要補充說明一下，不是每個人都需要透過好奇心和動力驅使，來獲得關於藝術、音樂或食物的品味。如果在你的成長過程中，父母都很喜歡歌劇，或是家裡提供了古典音樂、現代藝術、詩歌或精緻美食等相關豐富的資訊，你成年後對於這些事物自然而然已經發展出相當好的品味。孩子特別容易在環境中學習到好品味，事實上，這可能是培養品味的最佳途徑，不過我們大多數人可能沒有這種際遇，這種機會顯然可遇不可求。

＊　＊　＊

好奇心賦予我們敞開心房向外探索的能力，這就是我好奇心對話的特色。

好奇心也讓我們能專注在答案上，就是這種能力讓警察偵破一宗謀殺案，就是這種能力讓醫生決心深入了解，究竟是什麼疾病讓病患的症狀和檢驗結果不一致。

好奇心提供我們更佳的人際互動技能，且在職場上更能管理部屬、與同事合作。因此，我在辦公室以提出問題的方式來溝通，我與卡爾普或我們其他主管在討論電影製作的過程時，並不會有太多開放式的對話，但我也不會像窮追猛打的警察一樣，硬要問出具體的答案為止。這類對話是一種帶有釐清責任歸屬的好奇心——願意敞開心胸傾聽發生了什麼事情，但會針對某個既定目的提出相關問題。

我認為培養對某個事物的品味（或更廣義而言，一種判斷力），可歸納在上面這一段所描述的好奇心，也就是在發揮好奇心的同時，心中要先想好某個目的或目標。我詢問關於我們電影的進度，並不是因為閒來無事稍微關心一下，而是善盡我的本分，推動計畫朝向目標邁進：包括完成電影拍攝、達到一定的品質、不超出預算、而且準時。在此同時，還要尊重我同事的判斷力和自主性，不過我和對方都知道，雖然我提出了問題，但卻是用問題來讓對方知道他必須為這部電影負責。

品味的運作方式也是如此。你敞開心胸，把經驗、判斷力和喜好運用在接觸到的事物上，例如點子、歌曲、餐點、戲劇表演等，但是也要有所存疑。你帶點有品味和存疑的好奇心詢問：「你要我考慮的事情到底有多好？會有多愉快呢？如何跟我已經知道的事情串在一起？」

你的好品味可以發現充滿刺激的事物，讓你免於平淡無奇的生活，但也會讓你多疑，因為運用判斷力時，總會讓人揚起眉毛，開始提出問題：「就我目前所知，這個東西還能有多好？多有趣？多創新？品質多高？」

我們尚未討論到好奇心的另一項特色，就是天文學家兼作家薩根在本章開頭提到的那句話：在管理我們的國家事務、民主制度時，好奇心帶來的價值。

談到民主就需要提到責任。事實上，責任是民主的關鍵——了解需要在社會做些什麼事、加以討論、權衡各種方案、做出決策，然後評估這些決策是否正確，而做這些決策的人必須負起責任。這就是我們為什麼會有不受管制的自由媒體——可以提出問題。為什麼會有選舉制度——來了解我們是否要讓某些人繼續留任。此外，這也是為什麼眾議院、參議院和法院會議紀錄都要公開，全國各市議會、各郡委員會和學校董事會的會議紀錄也是如此。而且為什麼美國要三權分立——就是要建立國會、總統和法院的分權制度。

在一個像我們這麼複雜的社會裡，通常都將責任拱手交到別人手上。我們讓媒體提出問題（然後再批評媒體沒有問對問題），我們讓國會提出問題（然後再批評國會不是太膽小就是太具殺傷力），我們讓活躍分子提出問題（然後再批評他們過於捍衛自己的黨派）。

到最後，責任其實都來自於人民，我們必須對於政府如何運作感到好奇——無論是當地的高中、美國退伍軍人醫療制度、太空總署的國際太空站或社會安全局的財務狀況。政府應該做些什麼？真的做到了嗎？如果沒有，為什麼做不到呢？究竟應該由誰來負責？我們有沒有辦法讓他們做到我們想要的事情？或是我們應該解雇他們？

美國政府的設計方式就是假設我們要運用好奇心，整個機制本身並沒有內建質疑的成分，因為這必須來自於人民，而在設計上確實內建了可供質疑的**機會**。

好奇心運用在公共事務上的力量，與在職場上一樣強而有力。出席一場當地政府的聽證會並提出問題，就是最佳的例子，足以證明政府必須要對人民負責，而非人民對政府負責。提出問題意味著我們的力量和價值觀——無論是在學校董事會議或候選人辯論會上舉手發言，或是在公共事務衛星電視網（C-SPAN）觀看眾議會開會都是如此。

我們一直在探討的個人好奇心，與公眾事務的好奇心之間的關連很簡單：就是養成不斷提出問題的習慣、提醒自己問問題帶來的價值，以及我們問問題的權利。

事實上，不只是民主允許我們發揮好奇心，而是沒有了好奇心，就沒有民主。

反之亦然，奠基於民主的社會架構，恰好讓我們在各個領域都最能自由發揮好奇心。

7 好奇心的黃金時代

「也許有一天人將不再對未知感興趣，不再受到神祕事物的誘惑。這的確有可能，可是一旦人失去了好奇心，則彷彿喪失了其餘讓他身而為人的大部分特質。」

——克拉克[1]

一九五九年的一天下午，當時我八歲，我們開著車，打開車窗，停下來等紅綠燈，突然有隻蜜蜂時而飛進時而飛出窗戶，讓我很緊張，我不想被蜜蜂叮到。

我實在等不及，希望快點變綠燈，讓車子趕快前進，但是我突然間想到一個問題：哪一個移動的速度比較快？是車子還是蜜蜂？也許就算媽媽快速駛離路口，蜜蜂還是追得上我們。

我們那天下午躲過了蜜蜂，但這個問題一直縈繞不去，究竟是車子移動的速度快，還是蜜蜂呢？我想要解決疑惑，但並沒有得到令人滿意的答案。在一九五九年，我這個八歲小孩沒有其他管道，只能去問大人這個問題。所以我一如往常，帶著問題去問外婆，外婆有點像是我個人的搜尋引擎，雖然她不像網路一樣似乎無所不知，但卻更能理解我、鼓勵我。

就算她不知道答案，還是很喜歡我提出的各種問題。[2]

從我有記憶以來，就一直是個好奇寶寶，在我還不清楚自己其他特質之前，就曉得我非常好奇，這是我從小展現出來的第一個人格特質。經過了五十年，我仍認為自己具有高度的好奇心，就如同有些人自認為風趣、聰明或合群。

對我來說，好奇不只成了我的個性和我看待自己的方式，而且一直是我生存與成功的關鍵，正因如此，我才能克服閱讀障礙，順利完成學業。此外，好奇心讓我進入電影業，了解電影業的運作方式，我認為這項特質讓我在好萊塢與眾不同。

我提出問題。

問題會激發出有趣的點子，問題有助於建立合作關係，問題創造了各種關連，能把一些風馬牛不相及的主題、或是完全沒有交集的人結合在一起。有趣的點子、合作關係和各種關連加起來則會建立信任。

好奇心不只是我個性上的特色，更是我賴以生存的核心。我覺得正是因為好奇心而讓我與其他人不同，所以大家喜歡跟我合作，畢竟在這個行業，仍有許多製作人可供選擇。

好奇心給了我夢想，真要說起來，它幫我創造了我在二十三歲時夢寐以求的生活。事實上，這樣的人生比我當年想像的更刺激、有趣和成功。

寫這本書的過程中，讓我能從不同的面向思索好奇心，且看到好奇心展現出來的各種特色，對我而言前所未見。其實，我一直想讓好奇心成為本書的主軸，因為人人都有好奇心，我個人的故事只是為了激勵你，讓你覺得有趣，它們全都是我運用好奇心的經驗。但是每個人都可以發揮好奇心，追求自己認為最重要的東西。

這正是好奇心最棒的地方，與智力、創意、甚至領導力都不同。有些人真的很聰明，有些人創意十足，有些人領導力絕佳，但並不是每個人都能具備這類特質。

但只要你願意，就可以發揮好奇心，而且隨時都可以開始。好奇心能幫你變得更聰明、更有創意，也能幫你提高效率，成為更好的人。

＊　＊　＊

我之所以喜歡好奇心，其中一個原因是這種本能伴隨著許多二元性，好奇心有著陰陽兩面，這些二元性值得注意，因為能幫我們更透徹了解好奇心。

舉例來說，你可以解放好奇心，好奇心也會解放你。也就是說，你可以決定要對什麼東西感到好奇，而一旦踏上好奇心的旅程，好奇心就會引領你向前。

你愈限制一個人的好奇心，愈吊人胃口，不告訴別人接下來要發生的事，就愈加強對方的好奇心。究竟是誰殺了小傑？最高樂透獎金得主是誰？

同樣地，你可能會對微不足道的小事感到強烈的好奇，等到知道答案的那一刻，好奇心才充分得到滿足，一旦你知道是誰中了樂透，對那件事情的好奇心完全消失。

你可能對某個非常具體的事件感到好奇，例如蜜蜂還是汽車移動的速度比較快？這類問題通常可以得到明確的答案，知道答案後，你可能會也可能不會再問新問題（例如為什麼蜜蜂能每小時飛二十哩？）。但你也可能對一些永遠不會知道答案的事情感到好奇——醫生、心理學家、物理學家、宇宙學家一直持續探索，讓我們對各領域有更多了解，但也許永遠不會有明確的答案，那種好奇心會伴你度過一生。

好奇心需要一定程度的膽識，有勇氣讓別人知道你不懂某件事，有勇氣提出問題，但是好奇心也會給你勇氣。好奇心需要信心（只要一點點），但最後回報你的方式就是幫你建立信心。

好故事最能引起觀眾的好奇心，而好奇心反過來又最能激發人們說故事的意願。

好奇心很容易變成一種習慣，愈常使用就愈會自動找上門。但你也可以積極使用好奇心，隨時都可以推翻平常問問題的步調，對自己說：「這件事我需要深入研究，我需要更加了解這件事或這個人。」

好奇心看起來就像是「解構」（deconstructive）的過程，這一點似乎顯而易見，藉由對某些事情提出問題，就是在分解，想知道其運作模式，例如了解你買的車子豐田普銳斯（Prius）的引擎或你老闆的個性。但事實上，好奇心並非解構，而是合成，一旦充分發揮好奇心，就能把世界上的事拼湊在一起，你可能必須先了解各個部分，但是完成後，就能對之前從不明瞭的事有完整的概念。

好奇心是邀請其他人參與的工具，但也是通往獨立的路徑——思想上的獨立。好奇心有助於創造合作，但也有助於提供你自主權。

好奇心非常美妙，讓人振奮，取之不盡用之不竭。事實上，今天的你無論是對具體或一般的事愈感到好奇，未來的你就可能愈好奇。但有個例外：好奇心並沒有激發出太多大家對其本身的好奇，我們對各式各樣的事情感到好奇，唯獨漏了好奇心這個概念。

最後，我們目前所處的時代應該是「好奇心的黃金時期」，我們每個人都比過去容易接觸到更多訊息。有些地方有效利用了這個優勢——矽谷的公司就是最佳典範，企業家的精力和創造力都來自於提出問題，例如「接下來要如何？」、「為什麼我們不能**這麼**做？」

然而，時至今日好奇心仍普遍遭到低估。在許多制式化的環境裡，例如中小學、大學、職場上，其實我們可以教人如何運用好奇心的力量。但是一般而言，好奇心通常都沒有受到鼓勵，充其量，大家只是口頭上認同，在多數情況下，根本不會探討好奇心這個主題。

但是，正如我們每個人都可以在任何時間點，隨時決定要開始運用自己的好奇心，我們也可以盡一份心力，在更廣泛的文化層面上，創造好奇心的黃金時期，透過一些簡單的方式，像是回答孩子問的每個問題，要是我們不知道答案，就幫他們找。我們也可以在自己的能力範圍內，將好奇心發揮在職場裡各式各樣的場合，例如主動提出問題，認真看待和尊重同事提出的問題，鼓勵客戶提出問題，將問題視為機會而非打岔，這些小地方看似微不足道，卻彌足珍貴。關鍵不在於像檢察官一樣，開始連珠砲似的問一連串問題，而是在家裡和辦公室逐漸塑造出一種文化，讓我們在其中能感覺到運用好奇心非常安全，藉由這種方式釋放好奇心，讓它開花結果，接著就能得到隨之而來的種種好處。

＊　＊　＊

羅伯特・虎克（Robert Hooke）是十七世紀英國傑出的科學家，引領大家走上科學探究的時代，幫助整個社會脫離由宗教所解釋的世界運作方式，而改用科學的角度來理解。

虎克與艾薩克・牛頓（Isaac Newton）兩人是同一個時代的死對頭，有些人將虎克廣泛的興趣和技能與李奧納多・達文西（Leonardo da Vinci）相提並論。虎克對於物理、建築、天文、化石學和生物學貢獻良多，提出的洞見帶來長遠的影響。他生於一六三五年，於一七〇三年過世，雖然距今已三百年，但對於現代的鐘錶、顯微鏡和汽車等製作仍功不可沒，虎克利用自製的顯微鏡觀察軟木塞薄片，發現鏡頭下生物體的基本單位，由他命名為「細胞」。[3]

在今天看來，能精通這麼多領域實在相當驚人，因為我們這個時代，大家都專業分工，甚至連科學家也不例外，像虎克這樣一個人有如此多的發現和真知灼見實屬難能可貴。但真正令人肅然起敬的是，虎克這樣的科學家不只徹底改變我們理解世界的方式——從行星的運行，一直到我們身體的生物學，他們還必須**是**革命分子，對抗外界的輕視、嘲弄，以及兩千年來的社會框架，在這個框架裡，不僅嚴格限制其中每個成員的做事方式，還有可提出的問題範圍。

研究好奇心的學者班迪特在聊天時跟我解釋說：「十七、十八世紀的科學家之所以不同凡響，其中一個主因是他們提出了一些從沒有人問過的問題。」

她指出：「虎克從顯微鏡觀察自己的尿液，這完全是離經叛道，從沒有人想過要把尿液視為科學實驗的主題。」

班迪特是位人文學者，榮獲查爾斯丹納獎（Charles A. Dana），於康乃狄克州的三一學院教授英國文學，她在研究十八世紀文學時，一直接觸到好奇心這個詞和概念，深受吸引。她說：「我在每個文本都會碰到『好奇』這個詞，有點惹惱了我，比如說，把一個人叫做『好奇的讀者』是什麼意思？這算不算是一種讚美呢？」

班迪特一直接觸到關於大家看待好奇心的態度，極為著迷，因此她寫了一本書，內容闡述十七、十八世紀的好奇心文化史，書名很簡單，就叫做《好奇心》（*Curiosity*）。

班迪特說，其實文藝復興之前，官方的權力，就等同於國王和王后擁有的那種權力，與社會組織、對於問問題的限制，所指的都是同樣的事情，參雜在一起。

握有權力的人控制訊息和軍隊，統治者掌控故事。

班迪特在書中提到，在那種環境下，好奇心是一種罪行、違法的行為，是「非法的衝動」。[4]好奇心（包括對於科學的好奇心）是對社會權力結構的一大挑戰，從挑戰君主本人開始，一路挑戰了兩千年來的「智慧」——「我是國王，因為上帝說我應該是國王；你是農奴，因為上帝說你應該是農奴。」這樣的觀點在美國獨立戰爭時達到高峰。

因好奇心而提出問題不只是理解世界的一種方式，也是改變世界的一種方式。掌握權力的人一直都知道這個道理，從舊約聖經、希臘羅馬神話可見一斑。

目前世界上的某些地方，好奇心幾乎仍像一六四九年一樣危險，在中國這個十四億人口的國家，接近一半的人上網，而政府監控所有網路。

無論在何處，好奇心都帶著一絲挑戰和無禮的意味。

想想看，你在問別人問題時會發生什麼情況。

對方可能會回答：「這是個好問題。」

或是可能會回答：「這個問題很奇怪。」

會回答說「這是個好問題」的人，通常胸有成竹，他之所以認為這是個好問題，有部分原因是他已經知道答案，也可能他真的認為你問了個好問題——這個問題讓他想出新點子。

另一方面，回答說「這個問題很奇怪」的人覺得受到質疑，要不是手邊沒有答案，就是覺得這個問題本身有點挑戰了他們的權威。

為什麼網路這項工具無法將好奇心推升至黃金時代呢？

我確實認為把提出的問題輸入搜尋引擎是一種好奇心，要是上網搜尋「蜜蜂或汽車誰比較快？」就會找到幾個有幫助的討論區。

但是如班迪特所說的，網路帶來的風險是已逐漸成為現代普及版的教宗，變成了「知道所有答案的機器」。

的確，有時候你只想知道烏克蘭的國內生產毛額、或是一品脫等於多少盎司，這類問題我們通常可以查閱很棒的參考書，例如《世界年鑑》（*World Almanac*）曾是提供這些確切資料的來源。

這些都是事實。

但這裡有個真正重要的問題：手中握有所有人類知識，會讓我們變得比較好奇還是不好奇呢？

一旦你讀到蜜蜂的飛行速度，是否會激發你更想了解蜜蜂飛行的空氣動力學原理？或是適得其反，讓你覺得心滿意足，於是繼續沈迷於Instagram應用程式裡？

卡爾．馬克思（Karl Marx）稱宗教為「人民的鴉片」。[6]他的意思是宗教設計的目的，是為了提供足夠的答案，好讓人們停止問問題。

每個人都必須小心，網路會麻醉我們，而非激勵我們。

下面兩件事你無法在網路上找到，就像虎克在聖經或查理一世（King Charles I）的法令裡也找不到：

一、如果這些問題從沒有人問過，你就搜尋不到答案。

二、你無法透過Google搜尋新點子。

網路只能告訴我們已知的事。

* * *

電影業這一行的人在開會過程中經常會說：「這樣就夠好了。」他們會說：「那個劇本夠好了。」「那個演員夠好了。」「那個導演夠好了。」要是有人對我說「這樣就夠好了」，情況往往並非如此，而且還完全相反。通常代表這個人或劇本**不**夠好。

我敢肯定同樣的事情在各行各業都會發生。

這個表達方式非常奇怪，代表的是與字面本身截然相反的意涵，等於是說：「我們到此為止，不需要再進一步，只要接受一般的水準就好了。」

我對於「夠好」沒興趣。

我覺得我之所以能充滿決心，一部分來自於過去幾十年來，與這些不願滿足於「夠好」階段的人進行好奇心對話。他們的經驗和成就一再提醒我，光是憑藉好奇心還不夠，若想擁有令人滿意的生活（並讓好奇心發揮最大的價值），還必須有紀律和決心，必須把自己的想像力應用在學到的事物上。最重要的是，必須以尊重和寬容的態度對待周遭的人，而好奇心可以幫助你做到這一點。

對我來說，最有價值的好奇心，就是不必先預設要得到一個具體答案，最有價值的好奇心，就是直接了當提出問題，不論對象是諾貝爾獎得主或是喜宴上坐在你旁邊的賓客。

隨著時間，我已經體認到，藉由好奇心學到的東西會日積月累，也就是說，這些好奇心的結果可以像檔案一樣存起來，儲存好奇心帶給你的洞見和能量。

可以用兩種比喻方式，來思考我二十多歲以來一直決心追求的開放式好奇心。這些對話像是共同基金——長期投資在各種不同的人、個性、專長和主題，有些對話當下很有意思，但後續沒什麼建設性，有些對話的過程根本很無趣，而有些則是在最後帶來豐厚的回報——因為某段對話激發了我濃厚的興趣，想要更深入探索，或是某段對話內容經過消化吸收，十年後在看到了一個點子、機會或劇本時，就會回想起多年前的對話而徹底領悟。

但就像股市，你事先不會知道哪些對話有幫助，哪些沒有，所以就要持續不懈，在各種時機、場合和人們身上，投入一些努力，懷抱信心認定這是值得做的事。

我也會像藝術家一樣看待好奇心對話。藝術家總是尋求有助於創作的點子、觀點和素材，在沿著海灘散步時，可能會找到一塊受到侵蝕的浮木，樣子很特別，雖然這塊浮木不適合放進他現在手邊的作品，但看起來就是非常吸引人。聰明的藝術家會把浮木帶回家，放在架上展示，等到一個月或十年後，藝術家抬頭一看，再度注意到這塊浮木，於是把它變成藝術品。

我不清楚好點子從何而來，但我明白以下這一點：

我愈了解這個世界，愈明白世界如何運作，認識愈多人，看事情的角度愈多，就愈可能有好點子，一聽到好點子就愈能辨識出來，而比較不會認同「夠好」的事物。

你知道的愈多，可以做的就愈多。

好奇心是一種心態。更具體地說，是心胸要開闊，好奇心是一種接受能力。

最重要的是，好奇心沒有訣竅。

你只要每天提出一個好問題，然後聆聽答案。

好奇心是生活在這世界讓人更興奮的方式，其實是讓你的生活能更上一層樓的祕訣。

好奇心對話：幕後花絮

為了要撰寫本書，我做了件以前不曾做過的事：把過去這三十年來，參與過我好奇心對話的人士名單儘可能全部整理出來。（實際上，這張表主要是由想像娛樂公司的一些工作人員幫忙製作，對此我深表感激。）

對我來說，瀏覽這張訪談名單彷彿翻閱相簿裡一張張照片，看到某個名字就像一張照片一樣，觸發了一陣陣的回憶：想起我遇到那個人的地點、我們談論的內容、對方的穿著，甚至是姿勢、態度或臉部表情。

為了完成這本書，我們一再檢視這張名單，有兩件事情突然讓我覺得很震驚。首先，我心中湧起一股不可言喻的感激之情，竟然有這麼多人願意坐下來跟我說話，與我分享他們的世界，畢竟做這件事並不會讓他們得到實質的報酬。隔了這麼多年後，我真的很希望能打電話給每個人，再次感謝他們為我的人生增添了許多色彩。雖然我們只是坐在我辦公室的沙發上，但與每個人交談就像是一場冒險，這些旅程讓我超越了日常生活的範圍和例行公事。名單上涵蓋的經驗、人格特質和成就之廣，實在是相當鼓舞人心。

其次，儘管本書介紹了不少關於這些好奇心對話的故事，仍有許多尚未納入其中，所以我們認為再補充其他故事好像會更有趣。在下面的幕後花絮（這是我們好萊塢的術語）中，列出了一些我的好奇心對話內容。

與卡斯楚共進午餐

哈瓦那的國家飯店（Hotel Nacional）坐落於馬力孔（Malecón）海濱大道，裡面有二十幾間客房是以曾入住的名人命名，包括弗雷德・阿斯泰爾（二二八房）、史坦・穆休（Stan Musial，二四五房）、尚・保羅・沙特（Jean Paul Sartre，五三九房）和華特・迪士尼（Walt Disney，四四五房）等。

我在二〇〇一年二月造訪哈瓦那時，住在幸運盧西亞諾套房（Lucky Luciano Suite，二一一房），以著名的黑手黨員命名，一個人入住感覺十分寬敞。

我與一群男性友人同行，因為我們之前決議大家每年一起去旅行一次，這次先從古巴開始（我在第四章最後幾頁稍微提到這個故事）。這趟古巴之旅是由MTV音樂頻道當時的執行長佛瑞斯頓主辦，參加成員包括製作人葛瑞、威廉·莫里斯經紀公司的董事長維亞特、MTV國際公司的前總裁羅迪、《浮華世界》的主編葛雷登·卡特、哥倫比亞廣播公司（包括新聞部）的執行長孟維斯。

那時美國和古巴的關係當然尚未解凍，到古巴參訪可說是一大挑戰，你永遠無法確定哪些地點可供參觀、或哪些人可以拜訪。

在我們去古巴前，我費了許多功夫，想要私底下安排一次與卡斯楚的好奇心對話，卻毫無斬獲。

等搭飛機到古巴的軍事基地後，才知道原來我們這群人當中，有好幾位也事先想安排與卡斯楚見面。我們明確地向照顧我們的人表示，希望能與卡斯楚碰面。

在這次造訪過程中，我們學到了一件事，古巴人避免提到卡斯楚的大名，而是用手勢代替他的名字——他們會用拇指和食指拉下巴，像是在摸鬍鬚。

在真的見到他本人前，有過一些假警報讓我們空歡喜好幾次。比如說，有一次我們在凌晨兩點半離開哈瓦那俱樂部，一位助理走過來說卡斯楚會在凌晨四點與我們見面，大家都已經筋疲力盡了，但還是彼此互看一眼回答說：「好！我們會到！」

幾乎就在我們一點頭答應後，有人傳話回說這次會議根本不會舉行。

我們離開的前一天，聽說卡斯楚隔天將與我們一行人共進午餐，從中午就開始。我們原本預計要在那時出發，只好為此延後時間。

第二天早上，我們準備好要出發，有人告知我們一個目的地，一群人坐進車裡加速前進，車子突然間大轉彎，直接掉頭，往反方向快速行駛，結果到另一個不同的目的地。

這是祕密嗎？戲劇效果嗎？為了保護卡斯楚的安全嗎？天知道。

一到達新地點，我們與卡斯楚正式會面，他一如往常穿著軍裝，大家手上都拿到一杯蘭姆酒，站著聊天。

我和孟維斯一起跟卡斯楚聊天，孟維斯絕對是這群人當中最有權勢的，除了威廉・佩利（William Paley，哥倫比亞廣播公司的創辦人）本人外，他可說是廣播界最成功的人。卡斯楚顯然知道孟維斯的來頭不小，把他視為我們這群人的「領導者」，放了很多注意力在他身上。卡斯楚說話精力充沛，因此需要兩名口譯員輪流翻譯。

卡斯楚也拿了一杯蘭姆酒站著聊天，整整一小時我都沒看到杯子靠近他的嘴唇，完全不會因為久站或手拿杯子而略顯疲態。過了一個多小時，我小聲對孟維斯說：「你覺得我們要進去吃午餐了嗎？」

孟維斯為了讓卡斯楚聽到，大聲回答說：「也許我們該進去吃午餐了！」

卡斯楚似乎完全忘記吃飯這回事，一聽到後馬上帶我們進去用餐。這頓飯包括兩部分：許多道古巴料理，以及卡斯楚述說古巴的奇蹟。他不是在跟我們聊天，而是對著我們演講。

他知道大大小小的事，大至古巴各區的天氣，小至古巴家中燈泡所需的瓦數，他可以細數與這個國家、人民、經濟相關的一切。

有一度，卡斯楚特別針對孟維斯說：「等你回美國見到布希總統時，我希望你能把我的想法告訴他。」接著他繼續長篇大論，闡述他希望孟維斯傳達給美國總統的內容，彷彿孟維斯一回國後，就會立刻自動向布希總統稟報似的。

幾個小時過去了，卡斯楚都沒有問我們任何人一個問題或與我們交談，只是一直高談闊論，我們邊吃邊聽。

最後，他停下來看著我們，透過口譯員問我說：「你是怎麼讓頭髮豎起來的？」大家都大笑不已。

我認為卡斯楚非常在乎象徵和意象，所以很好奇這個髮型想傳達的聲明。我當下覺得有點不自在，決定表現出聰明的樣子，對卡斯楚說：「我的工作是製作電影。」接著舉出我們之前製作的正經戲劇，完全沒提到喜劇，最後說：「我拍過一部電影《叛國作家》，敘述極權政府如何折磨他們的人民。」

我顯然不經大腦思考，才會以為這句話能讓他留下深刻的印象，要是弄巧成拙，也許會適得其反，他可能會想：「我們該把這個留怪髮型的人扣留一年。」

葛雷登．卡特看著我，臉上一副「你瘋了嗎？」的表情。

然後葛雷登．卡特看著卡斯楚笑說：「他也拍過《隨身變二：我們才是一家人》（*The Klumps*）！」

這句話接得很完美，立刻轉移焦點，但也敲了我一棒，讓我突然意識到自己剛才說了什麼話。卡斯楚眉頭也沒有皺一下就帶過這個話題。最後午餐吃到五點半，飛機等著要把我們載回美國，我再度點頭提醒孟維斯離開的時候可能到了，孟維斯也再度優雅地請我們起身，告訴卡斯楚我們真的該告辭了。

離開時卡斯楚給我們每人一盒雪茄，我身上穿著剛買的古巴瓜亞貝拉（guayabera）漂亮白襯衫，他幫我在襯衫背後的正中央親筆簽名。

英雄、先見之明和危險的棒球帽

在二〇〇五年六月這一天下午，我的第二個行程是到美國國會一間雄偉的辦公室，裡面裝潢華麗，使用大量的木質鑲板和優雅堅固的家具，整個空間要傳達的不只是一種權力，而是更深層的意義：一種權威感。這裡是參議員約翰·麥肯（John McCain）的辦公室，我已經約好要與這個美國參議院最有趣和最具影響力的人展開好奇心對話。

六月八日星期三下午非常特別，我在去麥肯的辦公室前，先花了一小時在參議院裡最簡樸的辦公室，與當時美國參議院裡沒什麼影響力的參議員見面：巴拉克·歐巴馬（Barack Obama）。

我和參議員麥肯聊完後，接著必須快速通過幾條馬路到賓州大道（Pennsylvania Avenue）的白宮，與當時世界上最有權勢的人吃晚餐看電影——布希總統。

我在連續四小時內分別與歐巴馬、麥肯、布希見面，對一個政治圈外人來說，這個下午在華盛頓特區的行程實在相當罕見。

我之所以會如此安排，是因為電影《最後一擊》剛上映時，布希總統邀請我們到白宮觀賞。這部電影由朗霍華執導，取材於大蕭條時期的拳擊手詹姆斯·布拉多克（James J. Braddock）的真實故事，由羅素克洛飾演男主角，芮妮齊薇格（Renée Zellweger）演他的妻子，保羅·賈麥提（Paul

Giamatti）飾演經紀人。

我心想，既然要在華盛頓特區待兩天，要是能見到一些我覺得好奇的人會很有趣。

對我來說，麥肯顯然是其中一位，他具有高度的吸引力：麥肯是貨真價實的美國英雄。他在越戰時是名飛行員，曾被擊落、俘虜和折磨，後來倖免於難成為重要的政治人物。即使麥肯身陷北越的戰俘營裡，其他的美國戰俘也把他視為領袖。二〇〇五年時，麥肯不論在參議院或全美各地，給人的形象都是聰明、獨立、果斷。

英雄這類角色的心理特別吸引我——我們製作的每部電影，幾乎都與成為某方面的英雄有關。但是我與麥肯的對話有點虎頭蛇尾，談論的內容都不是很具體的事情，而是一般的主題——我們討論棒球，但我對這個領域完全不了解，還談到老年人。

麥肯的風采和他的辦公室一樣令人印象深刻，他顯然掌控大局。他對我很有禮貌，但我感覺他其實不太清楚我為什麼會出現在那裡，只不過是個小有名氣的人排進他行事曆裡一小時。有一點相當明確：麥肯根本不必擔心時間，因為他周圍的每個人都很注意時間。

我們談話快結束時，他的主要助理走進來說：「先生，剩一分鐘！」六十秒一到，那個女人再度進來說：「你的時間到了！」一秒都不差。

參議員麥肯起身，當然已經穿好了外套，站起來後扣上鈕扣，跟我握個手就離開了。過了一會兒，其中一個助理指著麥肯辦公室裡的電視——我看到他就在那兒，大步走進參議院。

＊　＊　＊

我與歐巴馬的對話跟之前這段對話完全相反，從頭到尾非常完整。參議員麥肯在參議院已經十八年了，他在去年十一月再度當選，這是他第四次代表亞利桑那州，拿下七七％的選票，相當驚人。他的聲勢如日中天，影響力與日俱增。

歐巴馬到國會參議院才五個月，一年前，他仍只是伊利諾州參議員。

但是在去年夏天民主黨全國代表大會〔Democratic National Convention，就是在那次大會提名參議員約翰．凱瑞（John Kerry）代表民主黨參選挑戰布希〕上，歐巴馬第一次引起全美國人的關注，也讓我開始對他印象深刻。當時歐巴馬發表了激勵人心的主題演講，使用極為樂觀的字句，例如：「沒有自由派的美國、保守派的美國，只有美利堅合眾國。」

我第一次見到他的那一天，他是唯一的非裔美國參議員，而且年資非常淺，大約排到九十幾名。他的辦公室號碼為九十九，是大家都不太想要的。我們為了到歐巴馬的辦公室，走了很長一段路，搭國會大廈電車後，接著又走了很長的路。

等我到達他的辦公室，最先讓我感到訝異的是那麼多人進進出出。那位在地下室，燈光不太明亮，彷彿來到一個交叉路口，一邊是週末跳蚤市場，另一邊是機動車輛管理局（DMV）。歐巴馬的辦公室完全開放，人來人往藉機拜訪參議員。

那天下午，我本來可以去見參議院許多有趣的人、或華盛頓特區許多重要人物，當時歐巴馬根本不是重要的參議員，在政治舞台上更沒有勢力，為什麼我會選擇與他相約碰面呢？

我在電視上一看到歐巴馬演講，就像其他看到演講的人一樣，立刻深受吸引。對我來說，他的溝通技巧屬於另一種類型，就像是拳王穆罕默德．阿里（Muhammad Ali）的拳擊技巧，他像在魔術表演，一種修辭學的魔術。

我從事的行業是溝通，我的工作是把文字轉成影像，再讓這些影像激發觀眾的情緒，這種方式比原本的文字更能讓觀眾的情緒高漲。

我覺得歐巴馬演講的方式，就像其他人眼中阿里的拳法一樣，無人能出其右。他的話語能激發情緒，效果與影像如出一轍。

歐巴馬的辦公室很樸實，但他非常熱烈歡迎我，而且全程十分專注。通常忙碌的重要人物在交談時，會不時看錶或電子郵件，一心多用，似乎同時忙四件事，可是歐巴馬一點都不會分心。他高大結實，坐在我斜對面的沙發，他先跟我打招呼，然後像運動員一般，以很輕巧的體態坐進沙發，看起來非常放鬆，完全安適自若。

我們談到了家人、工作，內容偏個人事務而非政治。在我們聊天時，精力充沛的年輕人（他的工作人員）持續進出辦公室，但他毫不分心。

歐巴馬展現出一種真正的自信，他的辦公室號碼是九十九，但他信心十足。歐巴馬不過一年前離開伊利諾州參議院，進到國會參議院也才五個月，但後來不到四年就成為美國總統。

我離開參議院九十九號辦公室時，碰見喬・費夫洛（Jon Favreau），這位才華洋溢的作家是歐巴馬演說的撰稿人，他們在民主黨全國代表大會上認識，歐巴馬就是在那時發表了主題演講。

我半開玩笑對費夫洛說：「如果哪一天你決定離開政治圈，想到好萊塢來工作，請打電話給我，你真厲害。」

費夫洛笑著說：「非常感謝，但我認為他還需要我。」

* * *

我並沒有告訴參議員麥肯和參議員歐巴馬我會見到他們彼此，但我告訴他們兩人我當晚會去白宮與布希總統一同觀賞《最後一擊》。

我見過柯林頓總統好幾次，我對布希總統很感興趣，對他的風格非常好奇。那天晚上布希總統的身體語言極為不同，他在跟人說話時不是面對面，或至少跟我說話時不是如此。

布希總統走過來，有人幫我們介紹，他很親切，絲毫不做作。等到我們開始交談時，他稍微移到我旁邊，手臂搭在我的肩上——這是他喜歡的說話方式，就像兩個哥兒們，肩靠著肩，我也喜歡這樣。

他做了另一件事引起我的注意。由於放映電影前的餐點已經擺設好，布希總統自己拿了托盤，放進想要的食物，然後一個人坐在一張桌子，似乎不需要其他人圍在身邊，不過桌子當然很快就坐滿了。我認為這讓人印象相當深刻，影片放映時布希總統全程在場。

當晚唯一令人失望的部分，就是我預先幫布希總統準備的小禮物。我帶了一頂電影《勝利之光》的棒球帽要給他當紀念品，因為這部電影拍攝德州奧德薩（Odessa）小鎮裡高中美式足球隊的故事，正是布希總統成長的地方，我認為他會喜歡這個小禮物。

我在排隊通過白宮大門的安檢時，對於要送給布希總統的帽子很興奮，於是拿給安檢人員看，跟他們說：「總統來自德州奧德薩，我幫他帶了這頂《勝利之光》的帽子給他當禮物，我要拿給他。」

我本來以為這些話會讓其他人莞爾一笑。

但我錯了，他們看著我，看著這頂帽子，從我手中拿走帽子，將帽子通過幾個不同的機器檢測，好幾個人從裡到外仔細檢查這頂帽子。

這時有人點了點頭對我說：「你不必拿帽子給總統，我們會幫你拿給他。」

早知道我當時應該不發一語，只要把帽子戴在自己頭上走進白宮就沒事了。

我再也沒見到那頂帽子，我倒是跟布希總統提到這件事，希望總有一天有人能交到他手中。

戴手套的人

在九〇年代初期，我經常會與麥可傑克森（Michael Jackson）的辦公室聯絡，希望能有機會跟他坐下來聊聊。我們一年會打電話到他辦公室幾次，希望邀請他過來安排一次會面，但是他興趣缺缺。

後來他突然答應了，雖然原因不明，不過那個時期我們製作的電影主題是親情，像是《溫馨家族》、《魔鬼孩子王》、《小鬼初戀》（*My Girl*），我聽說麥可傑克森本人也有興趣製作這類電影。

到了見面的那一天，他的工作人員先到，如你所想像的，引起了許多騷動，麥可傑克森接著現身。

在當時，麥可傑克森那些因害羞而稍微不尋常的手勢早已眾所周知，但他那天完全沒有表現出來，看起來就像一般正常人，只不過戴著一雙白手套。

我是麥可傑克森的歌迷，當然，在七〇、八〇年代，只要是聽音樂的人多半會成為他的歌迷。但我不會很瘋狂，所以見面當天並不特別緊張，我尊重麥可傑克森，將他視為不可思議的天才。

他的身高大約一七五公分，非常瘦，但看得出來很強壯。他走進我的辦公室坐下來。

我說：「很榮幸見到你，實在太棒了。」

他的行為舉止很正常，因此我決定以正常的態度對待他。我有個想法：我要請他脫下手套，正常人從外面進到室內本來就要脫下手套，不是嗎？

原本寒喧的話語應該到此為止。

但是我沒有停下來，立刻接著說：「請你脫掉手套好嗎？」

他照做了，我心想：「就這麼簡單。」他脫下了手套——我們接下來的談話應該沒什麼問題。

麥可傑克森顯然不太會與人閒聊，說實話，我也不知道該跟他聊些什麼，我當然不想讓他覺得無聊。

我問：「你如何創作音樂？」

他立刻開始談論如何創作音樂，如何以近乎科學的方式製作專輯和表演。

實際上，他整個言行舉止完全轉變。我們剛開始說話時，他的聲音是大家熟知的高音調，略帶童音，可是一開始談到製作音樂，聲音不同了，就像變了另一個人似的，宛如大師授課，像茱莉亞音樂學院（**Julliard**）的教授講解旋律、歌詞、混音師的工作內容等，讓我聽了如痴如醉。

我們的確聊了一下電影——麥可傑克森已經製作出很棒的音樂影片，例如《戰慄》（*Thriller*）專輯的音樂影片，導演為約翰蘭迪斯（**John Landis**）。這段好奇心對話稍微談到了這部分。

雖然我再也沒見過他，但是我們相處的那一小時內，並沒有什麼奇怪或不舒服的地方。在那次見面後，我對麥可傑克森的印象完全改觀，覺得他一點也不怪，絲毫不矯揉造作——他只是個為盛名所累的人，那些行為不過是環境使然。我很驚訝自己能像大人般跟他談話，而他也能像大人般應答如流。

我請他脫下手套，而他也真的照做。

錯失良機

沃荷與麥可傑克森在一些有趣的方面相似度很高，比方說，他們都擁有獨一無二的身形，彷彿經由有意識地量身打造；他們的作品都讓人印象深刻，影響深遠，光提到名字就會讓人聯想到一種整體風格、一個時代。兩人都被視為謎樣般的人物，極有神祕感、不易理解。

我在八〇年代初期見到沃荷，當時我去紐約市參觀，有機會見到許多藝術家，包括大衛・霍克尼（David Hockney）、艾德・若夏（Ed Ruscha）、薩爾瓦多・達利（Salvador Dalí）和李奇登斯坦。當時沃荷已經大名鼎鼎，他在一九六二年以絹印版畫（silk screens）技法製作了著名的〈康寶濃湯罐〉（Campbell's soup can）系列作品。我到他的工作室「工廠」（The Factory）與他會面，他身穿經典的黑色套頭上衣。

關於沃荷有兩件事我覺得很有趣。第一，他不是以技巧著稱的藝術家，比如說，他沒有李奇登斯坦的技巧，也不打算增進這些技巧，對他來說，藝術傳達的訊息和提出的聲明，才是最重要的部分。

第二件讓我覺得很驚訝的事，是我見到他本人時他完全拒絕解釋自己的作品，根本不想談論這個話題，不只輕描淡寫，每個問題的回答都十分簡短。

我問：「你為什麼製作瑪麗蓮夢露（Marilyn Monroe）的畫像？」

沃荷說：「我喜歡她。」

我們在「工廠」裡散步，到處都看得到絹印版畫的成品或半成品。

我問：「為什麼你要把藝術品放在絲綢上？」

他說：「這樣我們才可以大量製作。」就這樣一句話，沒有進一步詳細的解釋。

沃荷素以不帶感情著稱。在參觀他的工作室時，他全程陪伴，但他的言談舉止讓我感覺他像是那些六十年代受到迷幻藥影響的人，譬如他會說：「老哥，我們去這裡吧！」

跟他聊天有點難，但一同閒晃倒是很輕鬆。

幾週後我又來到紐約市，第二次去拜訪他。

他告訴我：「我要去洛杉磯演出一集《愛之船》（*Love Boat*）。」我心想：「他在說什麼？沃荷與史塔賓（Stubing）船長和郵輪主任茱莉．麥考伊（Julie McCoy）一同演出《愛之船》？」我實在無法想像，以為他在開玩笑。

沃荷說：「我要在《愛之船》其中一集演出。」我不知道他之前也曾經參與演出這種類型的流行文化。他喜歡給人驚喜，而且真的做到了：在一九八五年十月十二日播出的那集《愛之船》，他飾演一角，與米爾頓．伯利（Milton Berle）和安迪．葛瑞菲斯（Andy Griffith）一同演出。

第二次見面時，沃荷對我說：「我不知道你的合作夥伴是朗霍華，他就是里奇．坎寧安（Richie Cunningham，知名喜劇片裡的男主角名字）耶！」

沃荷有個點子。

他說：「我想幫朗霍華拍照，製作兩幅畫像——刮鬍子前和刮鬍子後。我想幫現在的朗霍華拍照，這張照片留著他的八字鬍，然後我想把他的鬍子刮掉，再拍另一張照片。

「兩幅畫像，一張有鬍子，一張沒有鬍子，刮鬍子前和刮鬍子後。」

我立刻聯想到沃荷製作的貓王（Elvis）肖像畫，但我並沒有說出來，只說我會跟朗霍華提這個點子。

我回到洛杉磯對朗霍華說：「沃荷希望和你一起合作，他想要製作朗霍華的畫像，刮鬍子前和刮鬍子後，他想要刮掉你的鬍子。」我相當興奮。

朗霍華一點也不興奮，他百思不得其解，說：「葛瑟，你知道，我真的不希望刮掉鬍子，現在這已經是我造型的一部分了，我想要擺脫『美國男孩』的形象。」

好，我能理解這一點，稍微啦！可是想當然耳，沃荷不會隨便主動要求幫人製作肖像，不過我也知道朗霍華成熟的形象對他而言有多麼重要，實際上，對我們所有人都很重要。

所以我想，朗霍華刮鬍子前和刮鬍子後的這個點子不會再有下文了。

許多年後，我們的電影《哭泣寶貝》上映了，我和朗霍華多年來的慣例是，首映當晚到洛杉磯的西木阿弗科電影院親自了解《哭泣寶貝》受歡迎的程度，我們就是在這家電影院看到《美人魚》上映時大排長龍的景象。那個星期五晚上，一間可容納五百人的電影院裡只有七個人在看《哭泣寶貝》。

我和朗霍華回家後，喝了幾瓶紅酒，看著電影《追陽光的少年》（*Drugstore Cowboy*），希望緩和一下失望的情緒。朗霍華必須到洛杉磯機場趕搭半夜的飛機去東部，所以他大約晚上十點前往機場。

在飛機起飛前，他打電話給我，語調輕快地說：「葛瑟，我想告訴你，我剛才在機場的男廁把鬍子刮掉了。」

我想都沒想就說：「我的天啊！你當初就可以幫沃荷這麼做了！這樣我們就可以有兩幅朗霍華的畫像，一幅價值五千萬美元耶！」

當然，最近朗霍華又留著濃密的鬍子了，他並沒有成為沃荷絹印版畫偶像系列裡的一員。

好奇心的藝術

你大概聽過傑夫・昆斯（Jeff Koons）的藝術品，很有趣、體積很大。他利用不鏽鋼製作了氣球狗造型的雕塑品，也用色彩同樣明亮的不鏽鋼製作充氣玩具兔子，因為聲名大噪而重現於梅西百貨（Macy's）的感恩節遊行花車上。

對我來說，昆斯的作品活力十足、充滿樂趣，看起來似乎很單純，但背後是他對歷史和藝術理論深刻的理解。

我第一次見到昆斯是在九〇年代初期，距今已二十年，昆斯和沃荷一樣在紐約有個工作室，我到那裡去見他。在走進他的工作室前，聽到這些關於兔子和氣球狗的作品，心想：「這個我也會做。」但等我花幾小時與昆斯相處，走出工作室後，心想：「沒有人能複製他的作品。」

昆斯年輕時曾在華爾街擔任商品經紀人，但是他一直想成為藝術家。他不是那種穿牛仔褲在工作室發出巨大聲響創作的藝術家，穿著打扮比較像是四〇或五〇年代的大導演，例如喬治・寇克（George Cukor）或賽西爾・德米爾（Cecil B. DeMille），一身休閒褲搭配漂亮的上衣，既時尚又典雅。

他的作品與本人形成強烈的對比。他說話聲音不大，但他的藝術和行為都十分高調。例如一九九一年他第一次結婚，對象是知名的義大利色情片女星琪秋黎娜（La Cicciolina），隨後共同創作藝術，內容多為兩人同時裸體或大半裸露的圖片。

昆斯是個謙遜的人，但是他在藝術上願意冒險，取材相當大膽。他和沃荷不同，很樂於談論藝術的來源，以及他如何把創作原則和歷史觀點轉譯成視覺形式。

他在工作室裡製作所有生動的藝術，這個地方幾乎像是昂貴而複雜的科學實驗室，經過消毒殺菌，他彷彿是位精於計算的天才科學家，一面思索一面創作。

我最近第二次去他的工作室，已換到不同的地方，但和第一個工作室一樣，就像科學實驗室，而且設備又更上一層樓。

後來，我們開始討論這本書的封面設計時，我突然想到昆斯，他如何使用好奇心？他會以什麼方式設計書的封面？

我沒有直接問他，而是透過我們共同的朋友傳話給他，希望他能為這本書畫張圖，他回答說絕對沒問題。

一個月後，也就是二〇一四年夏天，我們在亞斯本意見論壇（**Aspen Ideas Festival**）上碰面，我對他說：「我很高興你能為書的封面畫插圖！」

他說：「告訴我這本書的內容。」

我敘述了這些年來的好奇心對話和受訪人士，讓他知道如果沒有好奇心我不會有這樣的人生。我告訴他，這本書的重點是為了激勵其他人，讓大家看到如何運用好奇心簡單的力量使自己的生活更美好。

昆斯眼睛一亮，說：「我明白了，我很喜歡。」

他為這本書封面所畫的插圖，完全捕捉到我們談論的內容，這張臉的線條看似簡單，確切傳達出好奇心帶來的喜悅、率真和興奮之情。

將製作人摺倒在地夾住頭部的作家

諾曼．梅勒（Norman Mailer）可說是當代美國最偉大的拳擊題材作家，他也很擅長其他許多主題，曾榮獲美國國家圖書獎（National Book Award），而且兩度得到普立茲獎（Pulitzers），他在一九五〇年代共同創辦《村聲》（*The Village Voice*）雜誌，從那時起，儼然已成為美國文化界一股不容小覷的力量。

我們開始製作《最後一擊》（就是那部我們最後在白宮呈現給布希總統看的拳擊電影）時，我認為要是能和梅勒見面，討論拳擊手布拉多克以及美國大蕭條時期拳擊扮演的角色，不但很有趣而且有價值。

我於二〇〇四年在紐約見到梅勒，我讓他挑地點，他選了美崙大酒店（Royalton Hotel），這家坐落於市中心的知名旅館歷史悠久，過去曾經相當高級，但已經有點走下坡。（後來美崙大酒店又重新整修。）

大廳裡放著一些老舊笨重的沙發，上面覆蓋著絲絨布，有點不舒服。梅勒坐在我斜對面，離我很近。

我們見面時他八十一歲，看起來卻毫無老態。我們坐在沙發上聊拳擊、聊感情，兩人互吐苦水。

即使梅勒已高齡八十一，仍是個硬漢，身材雖不高大，卻很厚實強壯，有著一張強悍的大臉，他講話的聲音很有趣，每個字的發音都很清楚，抑揚頓挫很明顯，讓你不自覺受到吸引。

那時大約是下午三點，但梅勒點了一杯酒，我記得當時心想，這時候喝酒有點早，但在梅勒本人和他筆下的世界也許並非如此。梅勒是銜接海明威時代的橋梁，他給人的感覺完全合乎你對他這種人的刻板印象——有點老派，像是經典的威士忌調酒。

梅勒喜歡布拉多克的故事拍成電影的這個點子，他的脾氣暴躁——對那天下午的很多談話內容都有意見，不過他喜歡這部電影的點子。

他很有意思，我們合拍了一些照片——他雖然願意和我合照，但並不熱中此道，只說：「好吧！你就拍吧，給你一秒鐘做這件事。」

他談到拳擊時，會握拳示範招式，細說一場場的比賽（他能記得特定幾場比賽裡每一回合的出拳順序），邊說邊表演給我看，真的出手揮拳。他也談到拳擊手的外貌，解釋他們為了找出對手的致命傷，必須研究其他人的身體和臉部。

接著他解說一場特定比賽裡雙方出拳的招式，說：「然後他就把對方扔出場外。」

我很驚訝，問說：「怎麼會這樣？他是怎麼把對方扔出場外的呢？」

他伸出雙手說：「就像這樣。」接著梅勒突然把我摟倒在地夾住頭部，就這樣，名作家讓好萊塢製作人倒在美崙大酒店大廳的地板上。

我不太知道該怎麼做。

他的手臂夾住我的頭，由此可知他有多強壯，這種情況有點尷尬，我不想掙扎，但也不太確定接下來會發生什麼事，梅勒究竟還要夾住我的頭多久？

顯然時間夠久，久到足以讓我留下深刻的印象。

與歐普拉共進早餐

我與歐普拉．溫芙蕾（Oprah Winfrey）見面的時間點，正是我最需要見她的時刻。我當時有點低潮，想找個親切、思慮周密和誠實的人聊聊，歐普拉就是最佳人選。

那是二〇〇七年初，儘管歐普拉對於電視和電影已有極大的影響力，但我和她從來沒有交集。

我知道史派克李（Spike Lee）和她是朋友，我對他說：「我超想見到歐普拉，你能幫我嗎？」

史派克李笑說：「老兄，你就直接打電話給她呀！」

我說：「我又不認識她，我想她可能不會回我電話。」

他又笑說：「她知道你是誰啦！直接打給她。」

我正好需要史派克李推我這一把，於是我打給歐普拉。

隔天，我坐在辦公室與珍妮佛羅培茲（Jennifer Lopez）見面，事實上，當時她正在辦公室為我高歌一曲動人的西班牙民謠。

我的助理敲門進來，以其他人也聽得到的音量說：「歐普拉在線上，是她本人。」

我嚇了一跳，看著珍妮佛羅培茲說：「這是歐普拉本人，我必須跟她講一下，請讓我接這通電話。」

珍妮佛羅培茲很善體人意，停下了歌聲，但她臉上並沒有笑容。

我接起電話說：「歐普拉！我實在很難形容我有多想見到妳，不論妳在哪裡，我都可以去找妳。」接著用短短一句話解釋了我的好奇心對話。

歐普拉以她極能撫慰人心的聲音說：「葛瑟，我很樂意與你見面，我當然知道你是誰。」然後她對我製作的其中一部電影讚譽有加，又說：「我會到洛杉磯貝爾艾爾飯店（Bel-Air Hotel）住幾天。」

因此十天後，也就是二〇〇七年一月二十九日早上，我坐在洛杉磯貝爾艾爾飯店的庭院等著與歐普拉共進早餐。

因為我當時正經歷一段感情危機，情緒相當低落，必須做出人生重大選擇。

歐普拉與她的朋友兼同事蓋伊兒金（Gayle King）一同下來吃早餐，那天吃的是墨西哥鄉村蛋餅（**huevos rancheros**），我們聊到了生活、感情、人生真正重要的事以及如何好好把握——不只是當下，而是能長長久久。

在感覺傷痕累累且陷入一段不確定的關係時，還有更適合陪你討論這類話題的對象嗎？歐普拉具有豐富的人生智慧，也知道如何傾聽。她提醒我說人生重要的是過程本身，不必執著於單一的時刻——的確會不如意，開心和不開心的時候當然都會有。

她說：「我也一直在努力解決自己的人生問題。」

我們聊了將近兩小時，歐普拉顯然還有很多事要處理。蓋伊兒金穿著套裝，已經準備就緒，而歐普拉則必須回房梳妝打扮應付一天的行程。她穿著睡衣來游泳池畔吃早餐，這種舒適的感覺正好符合我們的對話內容——就好像我們倆都穿著睡衣聊天一樣。

與王妃合吃一碗冰淇淋

還有什麼能比見到真正的王子和王妃更令人興奮的呢？一九九五年九月，我們受邀到倫敦，與查爾斯（Charles）王子、黛安娜（Diana）王妃和皇室成員一同出席電影《阿波羅十三》的皇室首映會。

皇室首映會的運作方式與我們在白宮放映電影有點不同。以《阿波羅十三》為例，我們會先在倫敦的電影院見到皇室成員，結束後再到另一個地點接受晚宴款待。

當時查爾斯王子和黛安娜王妃已經正式分居，所以我們不確定誰會出席這次活動。不過一等到我們知道確定會前往倫敦，我就違反規定，逕自與黛安娜王妃的辦公室接洽，解釋說我非常期待首映會，希望能見到王妃殿下，此外，也告訴對方我長期以來所做的好奇心對話，希望在晚上的活動開始前或結束後，能有機會邀請王妃與我坐下來一對一聊天。

結果我沒有得到任何回應，或許一點也不足為奇。

首映會於九月七日在倫敦西區（West End）的一家電影院舉行，我們正式列隊迎接黛安娜王妃（查爾斯王子沒有出席）。看完電影後，我們幾十個人一同前往一家大餐廳共進晚餐，餐廳裡有很多張長方形大桌子，我們依照指示就定位坐好。

如果你受邀參加皇室首映會，環球影片公司的工作人員會在你還沒搭飛機穿越大西洋之前，先來簡介一下與皇室成員見面時該遵守的禮節：如何稱呼他們（「殿下」）、不能碰觸他們、何時應該起身、坐下、鞠躬。到了倫敦後，你還會聽到第二次簡介。

因此，我們一一按照座位坐好，最後一個走進來的是黛安娜王妃。她一進來每個人都站起來，等她坐下來我們才跟著就坐，坐在我正對面的就是黛安娜王妃。

雖然沒有人明確告訴我，但這種安排似乎就是我原本想要的好奇心對話。

黛安娜王妃十分美麗，而且當天晚上她穿了一件黑色凡賽斯（Versace）洋裝，後來吸引了不少倫敦媒體的目光，因為這件短裙可說是她出席公開場合時最短的裙子。

等她坐下來後，我就在心中做好一個決定：我不想讓我們的對話遵循死板的禮節規範。

我決定要搞笑，走幽默風，王妃也立刻答腔，反開我玩笑。你可以看出她身邊的人，對於我的行為舉止和她的風趣回應都有些驚訝。

她的確蠻喜歡《阿波羅十三》，但表達方式不像我這麼誇張，而是用美妙的英國口音輕快地說：「這是一部了不起的電影，真的很成功、很重要的電影。」

晚餐時，我們談到了電影，也談到了美國的流行文化。湯姆漢克斯坐在王妃旁邊，他整晚都很搞笑，朗霍華坐在王妃另一邊，由於我和湯姆漢克斯忙著逗王妃開心大笑，我不太確定朗霍華還有多少機會說話。

黛安娜王妃讓我聯想到電影《羅馬假期》（*Roman Holiday*）裡的奧黛麗赫本（Audrey Hepburn）——只不過黛安娜是由平民變成王妃，而電影裡的角色恰好相反。黛安娜王妃的魅力來自於她的美貌、她的風采、她的親和力。

最讓我訝異的是她的幽默感，我沒想到她聽了我們的笑話後會大笑，我以為她只會微笑，但她真的打從心裡笑出聲來，似乎是種無拘無束的解放。她是世界上相當有名的人，但也因此有點受到限制，她的笑聲帶著自由的意味。

在晚宴上沒有點菜服務，菜單已事先決定好。我們吃完主菜後，我對王妃說：「妳知道嗎？我真的很喜歡冰淇淋，妳覺得我可以吃點冰淇淋嗎？」

黛安娜王妃笑著說：「如果你想吃冰淇淋，為什麼不跟其中一位服務生說呢？」

我請一位服務生過來，跟他說：「我在想，我能不能和王妃一起合吃一碗冰淇淋呢？」

黛安娜王妃看著我，臉上的表情彷彿說：「你的提議真可愛，很有膽量，有點嚇到我了。」

幾位服務生匆匆忙忙去準備冰淇淋，老實說，我從來沒有看過服務生為了找冰淇淋如此手忙腳亂。

不久後，我拿到了一碗冰淇淋，一球巧克力，一球香草口味。我當然先把碗交給黛安娜王妃，她挖了一、兩匙，接著我也吃了一些。

還剩下最後一些冰淇淋時，我把碗交還給黛安娜王妃，沒想到她又吃了幾口，這真的嚇了我一大跳。她臉上一直保持笑容。

接著，王妃突然必須離席。

我說：「妳為什麼要離開？我們相處的時光如此愉快！」

她說：「這是規定，我必須在午夜之前離開，就像童話故事一樣。」

於是王妃起身，大家也跟著站起來，她就先行離席了。

好奇心對話：訪談名單

從七〇年代後期以來，布萊恩．葛瑟與各種不同背景的人進行開放式對話，談論他們的生活和工作，下面的名單按照姓氏字母順序，列出許多曾與葛瑟有過好奇心對話的訪談人士名單，他竭盡可能根據記憶和紀錄讓這張名單更完整，若有遺漏敬請見諒。由於葛瑟在過去三十五年來，曾與這麼多人探討這麼多主題，實在不可能一一細數，但是每段對話都為本書的創意討論與說故事內容，以及葛瑟的作品提供諸多靈感。

五角（50 Cent）：歌手、演員、企業家

亞伯拉罕森：非營利教育研究機構傑佛遜協會（Jefferson Institute）總裁、麥克阿瑟獎得主

保羅．尼爾．「紅色」阿代爾（Paul Neal "Red" Adair）：油田滅火人員，以創新的方式撲滅科威特油田大火

羅傑·艾利斯（Roger Ailes）：福斯新聞頻道（Fox News Channel）總裁

道格·艾肯（Doug Aitken）：多媒體藝術家

阿里：職業重量級拳擊手，獲得三次世界重量級冠軍（World Heavyweight Champion）

約翰·歐曼（John Allman）：神經科學家、人類認知研究專家

奧瑞德：民權律師

布雷德·安德森（Brad Anderson）：百思買公司前執行長

克里斯·安德森（Chris Anderson）：ＴＥＤ大會主持人

菲利普·安舒茨（Philip Anschutz）：創業家、美國職業足球大聯盟（Major League Soccer）的共同創辦人，投資許多職業球隊

大衛·安森（David Ansen）：《新聞週刊》（*Newsweek*）的前資深娛樂編輯

蘿絲·阿波達卡（Rose Apodaca）：流行文化和時尚記者

伯納德·阿諾特（Bernard Arnault）：酩悅·軒尼詩—路易·威登（ＬＶＭＨ）集團董事長兼執行長

蕾貝卡・艾司車瓦許（Rebecca Ascher-Walsh）：記者、作家

艾西莫夫：科幻小說作家

雷薩・阿斯蘭（Reza Aslan）：研究宗教的學者、作家

東尼・艾伍德（Tony Attwood）：心理學家，著有許多探討亞斯伯格症的書籍

萊思莉・巴納（Lesley Bahner）：負責一九八四年雷根和布希總統競選活動的廣告和動機研究

貝利：知名的刑事案件律師，曾擔任派蒂・赫斯特和雪柏的辯護律師

伊凡・貝林（Evan Bailyn）：搜尋引擎最佳化專家，著有《Outsmarting Google》一書

鮑德瑞奇：禮儀專家、賈桂琳・甘迺迪的社交祕書

羅伯・巴拉德（Bob Ballard）：海洋學家、探險家、水底考古學家，發現鐵達尼號（Titanic）殘骸

戴維・巴爾的摩（David Baltimore）：生物學家、諾貝爾獎得主

理查德・邦斯（Richard Bangs）：探險家、作家、電視名人

泰拉・班克斯（Tyra Banks）：模特兒、電視主持人

巴瑞・巴瑞許（Barry Barish）：實驗物理學家、重力波專家

柯蕾・鮑隆瑞（Colette Baron-Reid）：直覺專家

約翰・貝克（John C. Beck）：行動通訊產業專家、作家

伊夫・貝哈爾（Yves Béhar）：工業設計師、創業家，提倡永續性

海洛・班哲明（Harold Benjamin）：癌症患者健康社區（Wellness Community）中心主任

史蒂夫・貝拉（Steve Berra）：職業滑板選手、知名滑板網站The Berrics的共同創辦人

傑夫・比克斯（Jeff Bewkes）：時代華納（Time Warner）的執行長兼董事長

傑夫・貝佐斯（Jeff Bezos）：亞馬遜網站（Amazon.com）的創辦人與執行長、入主《華盛頓郵報》（*Washington Post*）

傑森・賓（Jason Binn）：時尚生活雜誌《DuJour》的創辦人、購物網站Gilt Groupe的首席顧問、Getty WireImage的編輯

伊恩・伯奇（Ian Birch）：《赫斯特雜誌》（*Hearst Magazines*）編輯開發和特別計畫部主任、《美國》（*US*）雜誌前編輯

彼得・畢斯肯德（Peter Biskind）：文化評論家、電影史學家、作家、《首映》（*Premiere*）雜誌前主編

愛德溫・貝萊克（Edwin Black）：歷史學家、記者，著重人權及企業侵犯人權議題

凱思・布萊克（Keith Black）：洛杉磯西德斯西奈醫療中心（Cedars-Sinai Medical Center）神經外科主任，擅長治療腦瘤

大衛・布萊恩（David Blaine）：魔術師、特技魔術師、耐力藝術家

基思・布蘭查德（Keith Blanchard）：男性雜誌《Maxim》的創始主編

亞歷克斯・本・布拉克（Alex Ben Block）：記者、《好萊塢報導》（*Hollywood Reporter*）的前資深編輯

薛曼・布洛克（Sherman Block）：洛杉磯郡（Los Angeles County）警察局長（一九八二年至一九九八年）

麥克・彭博（Michael Bloomberg）：紐約市長（二〇〇二年至二〇一三年）、彭博財經資訊服務創辦人

蒂姆・布盧姆（Tim Blum）：當代商業藝術Blum & Poe畫廊的共同創辦人

亞當・布賴（Adam Bly）：《種子》（*Seed*）雜誌的創辦人，該雜誌的重點在於自然和社會的交集

亞歷克斯・博古斯基（Alex Bogusky）：設計師、廣告公司經理、行銷人員、作家

大衛・波伊（David Boies）：在美國政府與微軟（Microsoft）、布希與艾爾・高爾（Al Gore）的官司中，分別出任美國司法部和高爾的律師

馬克・博羅維茲（Mark Borovitz）：猶太教拉比，本身曾是前科犯，目前經營一家前科犯和吸毒犯的住院治療中心

安東尼・巴札（Anthony Bozza）：音樂記者、作家、《滾石》（*Rolling Stone*）音樂雜誌特約作者

威廉・布拉頓（William Bratton）：紐約市警察局長

伊萊・布洛德（Eli Broad）：慈善家、創業家、藝術收藏家

約翰・布羅克曼（John Brockman）：作家經紀人、作家、邊緣基金會（Edge Foundation）的創辦人

布拉德福德・布朗（Bradford Brown）：《五輪書》（*The Book of Five Rings*）的譯者，這本書由日本武士所寫，闡述致勝的兵法

羅伊・布朗（Roy Brown）：歌手、作曲家

提姆・布朗（Tim Brown）：IDEO設計公司的執行長兼總裁

威利・布朗（Willie Brown）：舊金山前市長，擔任加州眾議會議長十五年

蒂芬妮・布萊恩（Tiffany Bryan）：電視實境節目《誰敢來挑戰》（*Fear Factor*）的參賽者

珍・巴金翰（Jane Buckingham）：趨勢預測專家

泰德・巴芬頓（Ted Buffington）：壓力和緊急情況下的決策表現成果專家

文森特・巴格魯斯（Vincent Bugliosi）：洛杉磯代理檢察官，起訴查爾斯・曼森（Charles Manson），《迴轉遊戲》（*Helter Skelter*）的共同作者

艾德・邦克（Ed Bunker）：職業罪犯、犯罪小說作家

托莉・柏奇（Tory Burch）：時尚設計師

詹姆斯・柏克（James Burke）：一九八二年泰諾止痛藥（Tylenol）危機發生時嬌生公司（Johnson & Johnson）的執行長

卡拉貝絲・伯恩賽德（Cara-Beth Burnside）：女子滑板和單板滑雪的先驅

錢德勒・伯爾（Chandler Burr）：記者、作家、紐約藝術與設計博物館（Museum of Art and Design）嗅覺藝術館長

尤金妮雅・巴勒（Eugenia Butler, Sr.）：藝術品經銷商和收藏家

詹姆斯・巴茲（James T. Butts, Jr.）：加州英格爾伍德（Inglewood）市長、前聖塔莫尼卡警察局長

大衛・拜恩（David Byrne）：歌手、臉部特寫合唱團（Talking Heads）的創始成員

娜歐蜜・坎貝兒（Naomi Campbell）：演員、名模

亞當・卡洛拉（Adam Carolla）：播客主持人、叩應廣播節目《Loveline》的前主持人

約翰・卡羅爾（John Carroll）：記者、《洛杉磯時報》（*Los Angeles Times*）和《巴爾的摩太陽報》（*Baltimore Sun*）的前主編

西恩・卡洛（Sean B. Carroll）：演化發展生物學家、遺傳學家

卡通先生（Mr. Cartoon）：刺青塗鴉藝術大師

卡羅斯・卡斯塔尼達（Carlos Castaneda）：人類學家，出書描述他接受薩滿（shamanism）巫師訓練的過程

塞勒瑞諾・卡斯蒂羅（Celerino Castillo III）：美國緝毒局（DEA）探員，揭發了在尼加拉瓜由中情局後援的武器換毒品交易

布萊恩・切斯基（Brian Chesky）：民宿網Airbnb的共同創辦人與執行長

狄巴克・喬布拉（Deepak Chopra）：作家、醫生，提倡替代醫學療法

周英華（Michael Chow）：餐飲業鉅子

查克・D：歌手、音樂製作人、全民公敵樂團的前主唱

史蒂夫・克萊頓（Steve Clayton）：微軟的未來趨勢研究專家

愛爾德里奇・柯利佛（Eldridge Cleaver）：黑豹黨（Black Panther Party）領袖、《冰上靈魂》（*Soul on Ice*）的作者

強尼・科克倫（Johnnie Cochran）：辛普森（O. J. Simpson）的辯護律師

賈里德・科恩（Jared Cohen）：Google創意部門主管

喬爾・科恩（Joel Cohen）：人口統計專家、數學生物學家

凱特・科恩（Kat Cohen）：大學申請顧問，著有《入學的真相》（*The Truth About Getting In*）

科比：中情局局長（一九七三年至一九七六年）

伊莉莎白・巴倫・科爾（Elizabeth Baron Cole）：營養師

吉姆・柯林斯（Jim Collins）：管理顧問、企業管理專家，著有《從A到A^+》（*Good to Great*）

羅伯特・柯林斯（Robert Collins）：神經科醫師、加州大學洛杉磯分校（UCLA）醫學院前神經學系主任

尚恩・庫姆斯（Sean Combs）：歌手、音樂製作人、時尚設計師、創業家

理查・康尼夫（Richard Conniff）：精通人類和動物行為的作家

提姆・庫克（Tim Cook）：蘋果公司（Apple, Inc.）的執行長

塔蒂安娜・庫雷・馬庫特（Tatiana Cooley-Marquardt）：在全美記憶競賽中多次贏得冠軍

安德森・庫珀（Anderson Cooper）：記者、作家、電視名人、有線電視新聞網（CNN）節目《安德森・庫珀三六〇度》（*Anderson Cooper 360*）的主播

諾曼・卡曾斯（Norman Cousins）：醫學大師、《笑退病魔》（*Anatomy of an Illness: As Perceived by the Patient*）一書作者

雅克・庫斯托（Jacques Cousteau）：海洋學家，率先發起海洋保育

克里斯・考克斯（Chris W. Cox）：全國步槍協會（National Rifle Association）的超級說客

史蒂夫・考茲（Steve Coz）：前《國家詢問報》（*National Enquirer*）編輯

唐納・克拉姆（Donald Cram）：加州大學洛杉磯分校化學系教授、諾貝爾化學獎得主

吉姆・克瑞莫（Jim Cramer）：投資人、作家、電視名人、國家廣播有線公司（CNBC）節目《瘋錢》（*Mad Money*）的主持人

克萊德・克朗凱特（Clyde Cronkhite）：刑事司法專家、聖塔安娜（Santa Ana）前警察局長、洛杉磯前副警察局長

馬克・庫班（Mark Cuban）：投資人、美國職業籃球聯賽（NBA）達拉斯小牛隊（Dallas Mavericks）的老闆

海蒂・齊格蒙德・庫達（Heidi Siegmund Cuda）：記者、《洛杉磯時報》前音樂評論家

湯瑪斯・卡明斯（Thomas Cummings）：南加州大學馬歇爾商學院（USC Marshall School of Business）的高功能組織設計和策略性變革專家

佛雷德・庫尼（Fred Cuny）：救災專家

馬力歐・庫默（Mario Cuomo）：紐約州長（一九八三年至一九九四年）

亞倫・德蕭維奇（Alan Dershowitz）：律師、憲法學者、哈佛法學院榮譽教授

唐尼・多伊奇（Donny Deutsch）：廣告公司負責人、電視名人

賈德・戴蒙（Jared Diamond）：演化生物學家、作家、加州大學洛杉磯分校教授、普立茲獎得主

阿爾佛雷德・「佛雷德」・迪西皮歐（Alfred "Fred" DiSipio）：賄賂醜聞發生時接受調查的唱片宣傳人員

DMX：歌手、演員

湯瑪斯・唐納文（Thomas R. Donovan）：芝加哥商品交易所（Chicago Board of Trade）的前執行長

傑克・多爾西（Jack Dorsey）：推特的共同創辦人、Square公司（Square Inc.）的創辦人與執行長

史蒂夫・德雷茲內（Steve Drezner）：蘭德公司（RAND Corporation）的系統分析和軍事計畫專家

安・德魯彥（Ann Druyan）：作家、製作人，專長領域為宇宙學和科普

瑪麗安・萊特・艾德曼（Marian Wright Edelman）：兒童保護基金會（Children's Defense Fund）的創辦人與總裁

貝蒂・愛德華：《像藝術家一樣思考》一書作者

彼得・艾森哈特（Peter Eisenhardt）：太空總署噴射推進實驗室（Jet Propulsion Laboratory）的天文學家、物理學家

保羅・艾克曼（Paul Ekman）：心理學家，研究情緒和臉部表情相關性的先驅

艾妮塔・艾爾伯斯（Anita Elberse）：哈佛商學院企管教授

阿姆：歌手、音樂製作人、演員

賽爾文・安薩（Selwyn Enzer）：未來學家、南加州大學未來學研究中心（Center for Futures Research）前主任

蘇珊・艾斯瑞奇（Susan Estrich）：律師、作家，為總統競選活動〔替麥可・杜卡基斯（Michael Dukakis）競選〕中第一位女性競選總幹事

哈羅德・埃文斯（Harold Evans）：記者、作家、《週日泰晤士報》（*Sunday Times*）前主編，創辦《旅遊者雜誌》（*Condé Nast Traveler*）

榮恩・菲根（Ron W. Fagan）：社會學家，之前為佩柏戴恩大學（Pepperdine University）教授

芭芭拉・菲爾柴德（Barbara Fairchild）：《好胃口》（*Bon Appétit*）美食雜誌的編輯（二〇〇〇年至二〇一〇年）

薛帕德・費瑞（Shepard Fairey）：藝術家、平面設計師、插畫家

琳達・費爾史坦（Linda Fairstein）：作家，之前擔任曼哈頓地區性犯罪單位的檢察官

約翰・費德勒（John Fiedler）：擔任一九八四年雷根與老布希總統大選時的傳播研究主管

路易斯・芬奇（Louis C. Finch）：美國國防部人事與戰備部門（defense for personnel and readiness）前副部長

亨利・芬德（Henry Finder）：《紐約客》雜誌總編輯

泰德・費雪曼（Ted Fishman）：記者、《中國企業無限公司》（*China, Inc.: How the Rise of the Next Superpower Challenges America and the World*）一書作者

約翰・弗利克（John Flicker）：美國奧杜邦協會（National Audubon Society）前總裁兼執行長

威廉・福特二世（William Ford, Jr.）：福特汽車公司（Ford Motor Company）的董事長、前執行長，為亨利・福特（Henry Ford）的曾孫

馬修・佛洛伊德（Matthew Freud）：佛洛伊德公關公司（Freud Communications）負責人，西格蒙德・佛洛伊德（Sigmund Freud）的曾孫

葛蘭・弗里德曼（Glen Friedman）：攝影師，與許多滑板高手、歌手、藝術家合作，為《Fuck You Heroes》攝影集的作者

寶妮・福勒（Bonnie Fuller）：記者、媒體主管、HollywoodLife.com的編輯

鮑伯・賈西亞（Bob Garcia）：棒球卡收藏家和專家

霍華德・嘉納（Howard Gardner）：發展心理學家，提出多元智能理論

蓋茨：洛杉磯警察局長（一九七八年至一九九二年）

文斯・傑勒迪斯（Vince Gerardis）：創業家

大衛・吉柏森（David Gibson）：哲學家、研究古希臘哲學家柏拉圖（Plato）的學者

弗朗索瓦絲・吉洛（Françoise Gilot）：畫家、《我與畢卡索的生活》（*Life with Picasso*）一書作者

麥爾坎・葛拉威爾（Malcolm Gladwell）：作家、記者、《紐約客》雜誌撰稿人員

蕾貝卡・葛拉肖（Rebecca Glashow）：數位媒體主管，參與推出第一套隨選視訊（video-on-demand）系統

格拉肖：理論物理學家、哈佛大學榮譽教授、諾貝爾物理學獎得主

伯納德・格拉斯曼（Bernard Glassman）：禪學老師、禪學和平促進會（Zen Peacemaker Order）創辦人

貝利・格拉斯納（Barry Glassner）：路易斯克拉克大學（Lewis & Clark College）校長、南加州大學前副教務長

約翰・戈達德（John Goddard）：探險家、作家、第一個以愛斯基摩小船探索尼羅河全程的冒險家

拉塞爾・戈德史密斯（Russell Goldsmith）：城市國民銀行（City National Bank）執行長

亞當・高普尼克（Adam Gopnik）：《紐約客》雜誌撰稿人員、《巴黎到月球》（*Paris to the Moon*）一書作者

安德魯・高爾斯（Andrew Gowers）：《金融時報》（*Financial Times*）前編輯

羅伯特・葛理翰（Robert Graham）：雕刻家

布萊恩・格林恩（Brian Greene）：理論物理學家、哥倫比亞大學（Columbia University）教授、弦理論（string theory）專家

羅伯・葛林（Robert Greene）：作家、演說家，以撰述策略、權力、誘惑等主題的書籍聞名

琳達・葛林豪絲（Linda Greenhouse）：記者、之前擔任《紐約時報》美國最高法院的新聞採訪記者、普立茲獎得主

麗莎・古拉（Lisa Gula）：前科學家，替XonTech公司發展飛彈防禦系統

桑賈伊・古普塔（Sanjay Gupta）：神經外科醫生，為有線電視新聞網的資深醫療記者

拉蒙・古提瑞茲（Ramón A. Gutiérrez）：芝加哥大學（University of Chicago）歷史教授，專門研究美國種族和民族關係

喬瑟夫・哈里南（Joseph T. Hallinan）：記者、作家、普立茲調查報導獎得主

狄恩・哈默（Dean Hamer）：遺傳學家、國家癌症研究所（National Cancer Institute）榮譽科學家，專門研究基因如何影響人類行為

黛恩・韓森（Dian Hanson）：色情雜誌編輯、德國Taschen出版社藝術書籍編輯

湯姆・哈格羅夫（Tom Hargrove）：農業科學家，曾在哥倫比亞遭哥倫比亞革命軍（FARC）毒品游擊隊綁架，電影《千驚萬險》（*Proof of Life*）即取材於他的經歷

馬克・哈里斯（Mark Harris）：記者、《娛樂週刊》（*Entertainment Weekly*）前執行主編

山姆・哈里斯（Sam Harris）：神經科學家、《信仰的終結》（*The End of Faith*）一書作者

比爾・哈里森（Bill Harrison）：視覺專家，擅長利用運動視覺訓練，加強眼睛與身心協調的反射動作

里德・哈斯廷斯（Reed Hastings）：Netflix的共同創辦人與執行長

羅拉・海瑟薇（Laura Hathaway）：美國門薩學會（American Mensa International）及資優兒童資源計畫（Gifted Children Resource Programs）的國家協調員

扎希・哈瓦斯（Zahi Hawass）：考古學家、埃及考古學家、前埃及文物部長

約翰・海伊（John Hay）：共濟會會員（Freemason）

盧特富拉・海伊（Lutfallah Hay）：伊朗革命前的前國會議員、共濟會會員

蘇珊・賀頓（Susan Headden）：《美國新聞與世界報導》（*U.S. News & World Report*）雜誌的前記者與編輯、普立茲調查報導獎得主

傑克・希利（Jack Healey）：人權活動家、美國國際特赦組織（Amnesty International USA）的前執行主任

湯馬士・希頓（Thomas Heaton）：地震學家、加州理工學院教授，開發地震預警系統

彼得・赫布斯特（Peter Herbst）：記者、《首映》和《紐約》（*New York*）雜誌前編輯

丹尼特・賀爾曼（Danette Herman）：負責籌備奧斯卡頒獎典禮的主管

西莫・赫許（Seymour Hersh）：調查記者、作家，因揭露越戰期間美萊村大屠殺（My Lai massacre）事件而獲得普立茲獎

戴夫・希基（Dave Hickey）：藝術和文化評論家，替《哈潑時尚》（*Harper's*）、《滾石》、《浮華世界》等雜誌撰稿

吉姆・海托爾（Jim Hightower）：激進派政治人士、電台脫口秀主持人

湯米席爾菲格（Tommy Hilfiger）：時尚設計師，創辦了知名的生活風尚品牌

克里斯托弗・希欽斯（Christopher Hitchens）：記者、作家、政治和宗教評論家

霍克尼：藝術家、六〇年代推動普普藝術運動的主要人物

南西・爾溫（Nancy Irwin）：催眠治療師

克里斯・艾塞克（Chris Isaak）：歌手、演員

麥可傑克森：歌手、作詞家、作曲家，他於一九八二年的《戰慄》專輯銷售量仍名列全球第一

雷霸龍・詹姆斯（LeBron James）：職業籃球聯賽球員

莫特・詹克洛（Mort Janklow）：文學代理人、文學代理公司詹克洛內斯比特（Janklow & Nesbit Associates）的創辦人與董事長

傑斯（Jay Z）：歌手、音樂製作人、時尚設計師、創業家

懷克里夫金（Wyclef Jean）：歌手、演員

詹姆斯・傑比亞（James Jebbia）：服裝品牌Supreme的執行長

哈里・傑立森（Harry J. Jerison）：利用腦化石模型研究人類大腦進化的學者、加州大學洛杉磯分校榮譽教授

賈伯斯：蘋果公司的共同創辦人和前執行長、皮克斯（Pixar）公司的共同創辦人和前執行長

貝絲・強生（Betsey Johnson）：時尚設計師

傑米・強生（Jamie Johnson）：紀錄片導演，作品為紀錄片《天生富貴》（*Born Rich*），嬌生公司的財產繼承人

賴瑞・強森（Larry C. Johnson）：前中情局分析人員、國家安全與恐怖主義專家

羅伯特・強森（Robert L. Johnson）：企業家、媒體大亨、黑人娛樂電視台（Black Entertainment TV）的創辦人與前董事長

希拉・強森（Sheila Johnson）：黑人娛樂電視台的共同創辦人，擔任三家職業球隊的老闆與合夥人，她是第一位有此成就的美國非裔女性

史蒂夫・強森（Steve Johnson）：媒體理論家、名科普作家、共同創辦線上雜誌《FEED》

賈姬・喬伊娜・柯西（Jackie Joyner-Kersee）：奧運金牌得主、田徑明星

保羅・卡加梅（Paul Kagame）：盧安達總統

角谷美智子（Michiko Kakutani）：《紐約時報》書評家、普立茲評論獎得主

山姆・霍爾・卡普蘭（Sam Hall Kaplan）：《洛杉磯時報》前建築評論家

馬蘇德・卡可哈巴迪（Masoud Karkehabadi）：神童，十三歲時大學畢業

派翠克・基夫（Patrick Keefe）：作家、《紐約客》雜誌撰稿人員

葛森・凱克斯特（Gershon Kekst）：凱克斯特公司（Kekst and Co.）的創辦人，該公司專門提供企業通訊服務

吉爾・凱萊赫（Jill Kelleher）：專業紅娘、凱萊赫公司（Kelleher & Associates）的創辦人及執行長

羅賓・凱利（Robin D. G. Kelley）：歷史學家、加州大學洛杉磯分校教授、專長為非裔美國人研究

席拉・凱莉（Sheila Kelley）：演員、舞蹈家、S因子（S Factor）鋼管舞健身課程的創辦人

菲利普・凱爾曼（Philip Kellman）：認知心理學家、加州大學洛杉磯分校教授，專長為知覺學習和適性化學習

約瑟夫・甘迺迪二世（Joseph Kennedy II）：企業家、民主黨政客、公民能源公司（Citizens Energy Corp.）的創辦人、參議員羅伯特・甘迺迪（Sen. Robert F. Kennedy）和艾塞爾・甘迺迪（Ethel Kennedy）的兒子

蓋伊兒金：《歐普拉雜誌》（*O, The Oprah Magazine*）特約編輯、哥倫比亞廣播公司新聞節目《CBS今晨》（*CBS This Morning*）的共同主播

亞力克斯・奇普曼（Alex Kipman）：微軟的技術主管、Xbox Kinect的共同發明人

羅伯特・柯比（Robert Kirby）：人體運動學家，研究肌肉醫學

亨利・季辛吉（Henry Kissinger）：美國前國務卿、外交官、諾貝爾和平獎得主

卡文・克萊（Calvin Klein）：時尚設計師

艾莎・克蓮奇（Elsa Klensch）：記者、時尚評論家、有線電視新聞網節目《艾莎・克蓮奇時裝》（*Style with Elsa Klensch*）的前主持人

菲爾・奈特（Phil Knight）：耐吉公司（Nike Inc.）的共同創辦人、董事長、前執行長

碧昂絲・諾利斯（Beyoncé Knowles）：歌手、演員

克里斯多福・柯霍（Christof Koch）：神經科學家、加州理工學院教授，專長為人類認知

克利・考夫（Clea Koff）：法醫人類學家，與聯合國合作揭露盧安達的種族大屠殺

史帝芬・柯勞德尼（Stephen Kolodny）：律師、專長為家事法

雷姆・庫哈斯（Rem Koolhaas）：建築師、建築理論家、哈佛大學設計研究所教授

昆斯：藝術家

傑西・康恩布魯斯（Jesse Kornbluth）：記者、文化禮賓服務的編輯

理查・科沙萊克（Richard Koshalek）：洛杉磯現代美術館（Museum of Contemporary Art）前館長

馬克・科斯塔比（Mark Kostabi）：藝術家、作曲家

安娜・庫尼可娃（Anna Kournikova）：前職業網球選手

勞倫斯・克勞斯（Lawrence Krauss）：理論物理學家、宇宙學家、亞利桑那州立大學（Arizona State University）教授

史提夫・克羅夫特（Steve Kroft）：記者、哥倫比亞廣播公司新聞節目《六十分鐘》（*60 Minutes*）主持人

威廉・拉弗洛爾（William LaFleur）：作家、賓州大學（University of Pennsylvania）教授，專長為日本文化

史蒂芬・拉米（Steven Lamy）：南加州大學國際關係教授

勞倫斯・勞勒（Lawrence Lawler）：聯邦調查局洛杉磯辦事處的前特別探員

奈潔拉・勞森（Nigella Lawson）：記者、作家、美食作家、電視節目主持人

舒格・雷・倫納德（Sugar Ray Leonard）：職業拳擊手，在五種重量級別裡分別奪得世界冠軍

瑪麗亞・利包斯基（Maria Lepowsky）：人類學家、威斯康辛大學麥迪遜分校（University of Wisconsin–Madison）教授，曾與巴布亞新幾內亞島（Papua New Guinea island）的土著住在一起

勞倫斯・雷席格（Lawrence Lessig）：提倡網路自由和網路中立性（Net neutrality），哈佛大學法學院教授

克里夫・雷特（Cliff Lett）：職業賽車手、遙控車設計師

羅伯特・萊文（Robert A. Levine）：蘭德公司的前經濟學家

艾芮兒・李維（Ariel Levy）：記者、《紐約》雜誌撰稿人員

丹妮・利薇（Dany Levy）：電子郵件通訊公司DailyCandy的創辦人

李奇登斯坦：普普藝術家

約翰・利貝斯金德（John Liebeskind）：前加州大學洛杉磯分校教授，率先研究疼痛與健康的關係

艾倫・利普金（Alan Lipkin）：前國稅局刑事調查處特別調查人員

瑪格麗特・李文斯頓（Margaret Livingstone）：專長為視覺的神經生物學家、哈佛醫學院教授

Tone Lōc：歌手、演員

伊麗莎白・羅芙托斯（Elizabeth Loftus）：認知心理學家、人類記憶專家、加州大學爾灣分校（University of California, Irvine）教授

麗莎・拉芙（Lisa Love）：時尚雜誌《Vogue》和青少年版《Teen Vogue》的西岸主管

洛威爾：阿波羅時代太空人，擔任阿波羅十三號任務指揮官，該次太空任務無功而返

湯馬斯・勞夫喬伊（Thomas Lovejoy）：生態學家、喬治梅森大學（George Mason University）教授、史密森尼學會（Smithsonian Institution）環境與對外事務的前助理祕書、熱帶森林砍伐專家

麥爾柯姆・盧卡斯（Malcolm Lucas）：加州最高法院首席大法官（一九八七年至一九九六年）

奧利佛・盧基特（Oliver Luckett）：社交媒體內容公司theAudience的創辦人與執行長

法蘭克・倫茲（Frank Luntz）：政治顧問、民意調查專家

彼德・瑪斯（Peter Maass）：作家、報導國際事務、戰爭和衝突的記者

梅勒：作家、編劇、導演、記者、《村聲》雜誌的共同創辦人

約翰・梅傑爵士（Sir John Major）：英國首相（一九九〇年至一九九七年）

邁克爾・馬林（Michael Malin）：天文學家、設計師、開發用於探索火星的相機

皮傑・瑪拉（P. J. Mara）：愛爾蘭前參議員、愛爾蘭總理查爾斯・豪伊（Charles Haughey）的政治顧問

羅・馬里諾夫（Lou Marinoff）：哲學家，專長領域為決策理論和政治哲學，紐約市立學院（City College of New York）教授

湯姆・梅恩（Thom Mayne）：建築師、墨菲西斯（**Morphosis**）建築事務所的共同創辦人

麥肯：美國亞利桑那州參議員、二〇〇八年共和黨總統參選人

泰瑞・麥考里夫（Terry McAuliffe）：維吉尼亞州州長、民主黨全國委員會（Democratic National Committee）的前主席

凱文・麥凱布（Kevin McCabe）：經濟理論家、神經經濟學家、喬治梅森大學教授

蘇珊・麥卡錫（Susan McCarthy）：前聖塔莫尼卡市執政官

蘇珊・麥克拉蕊（Susan McClary）：結合音樂與女性主義音樂批評的音樂學者、凱斯西儲大學（Case Western Reserve University）教授

特瑞・邁克多諾（Terry McDonell）：編輯、媒體主管、《君子》（*Esquire*）雜誌的前總編輯

保羅・麥基恩斯（Paul McGuinness）：前U2樂團經理

羅伯特・麥基（Robert McKee）：創意寫作教師、前南加州大學教授

丹尼爾・麥克萊恩（Daniel McLean）：研究古典文學的學者、加州大學洛杉磯分校講師

布魯斯・麥奈爾（Bruce McNall）：球隊主管、國家冰球聯盟（National Hockey League）洛杉磯國王隊（Los Angeles Kings）的前老闆

李奧納德・梅爾茂爾（Leonard Mehlmauer）：自然療法專家，創造了「eyology」（眼學）一詞

索尼・梅塔（Sonny Mehta）：諾普夫出版公司（Alfred A. Knopf publishing）的董事長兼總編輯

史蒂文・梅塞（Steven Meisel）：時尚攝影師

蘇珊・梅塞拉絲（Susan Meiselas）：紀實攝影師

蘇西・曼奇斯（Suzy Menkes）：英國記者、作家、前《國際先驅論壇報》（*International Herald Tribune*）時尚記者與編輯

米勒德・「米奇」・德萊克斯勒（Millard "Mickey" Drexler）：平價時尚品牌J. Crew的執行長兼董事長、Gap的前總裁兼執行長

傑克・邁爾斯（Jack Miles）：編輯、作家、普立茲獎得主、麥克阿瑟獎得主

馬文・米切爾森（Marvin Mitchelson）：名人離婚律師，率先提出未婚同居伴侶分手後也需給付贍養費的概念

艾薩克・麥茲拉西（Isaac Mizrahi）：時尚設計師

蒂姆・蒙哥馬利（Tim Montgomery）：奧運短跑名將，因使用提升表現的禁藥而被取消世界紀錄

羅伯特・摩根索（Robert Morgenthau）：律師、曼哈頓地區任期最長的檢察長

派翠克・莫斯卡里托洛（Patrick B. Moscaritolo）：大波士頓會展旅遊局（Greater Boston Convention & Visitors Bureau）的執行長

凱特・摩絲：名模、時尚設計師

勞倫斯・穆爾特（Lawrence Moulter）：新波士頓花園公司（New Boston Garden Corporation）的前董事長兼執行長

比爾・莫耶斯（Bill Moyers）：記者、政治評論員、前白宮新聞發言人

羅伯特・穆拉扎克（Robert Mrazek）：作家、前國會議員

派翠克・慕樂尼（Patrick J. Mullany）：聯邦調查局前特別探員，首創聯邦調查局罪犯側寫（offender profiling）調查方法

凱利・穆利斯（Kary Mullis）：化學家、因DNA研究而得到諾貝爾化學獎

村上隆（Takashi Murakami）：藝術家、畫家、雕刻家

布雷克・麥考斯基（Blake Mycoskie）：創業家、慈善家、TOMS鞋的創辦人與捐鞋長

納森・米佛德（Nathan Myhrvold）：微軟公司的前技術長

艾德・尼達姆（Ed Needham）：《滾石》雜誌的前主編、男性雜誌《Maxim》的總編輯

莎拉・尼爾遜（Sara Nelson）：共同創辦致力於公益的克利斯提克律師事務所（Christic Institute）

班傑明・納坦雅胡（Benjamin Netanyahu）：以色列總理

傑克・紐菲爾德（Jack Newfield）：記者、作家、《村聲》雜誌的前專欄作家

松久信幸（Nobuyuki "Nobu" Matsuhisa）：名廚、餐廳老闆

佩吉・努南（Peggy Noonan）：雷根總統的演講稿撰寫人和特別助理、作家、《華爾街日報》專欄作家

安東尼・諾維爾（Anthony Norvell）：形上學專家、作家

歐巴馬：美國總統、前美國伊利諾州參議員

ODB：歌手、音樂製作人、饒舌團體武當派（Wu-Tang Clan）的創始成員

理查・歐登堡（Richard Oldenburg）：紐約市現代藝術博物館（Museum of Modern Art）前館長

瑪麗—凱特・歐森（Mary-Kate Olsen）與**艾希莉・歐森**（Ashley Olsen）：雙胞胎女演員、時尚設計師

歐盧・達拉（Olu Dara）與**吉姆・迪金森**（Jim Dickinson）：歌手、唱片製作人

埃斯特萬・奧里奧爾（Estevan Oriol）：攝影師，其作品往往描繪洛杉磯都市和幫派文化

勞倫斯・奧斯本（Lawrence Osborne）：記者、《正常的美國人：亞斯柏格症的祕密世界》（*American Normal: The Hidden World of Asperger Syndrome*）一書作者

曼尼・帕奎奧（Manny Pacquiao）：職業拳擊手、第一位奪得八種級別的拳擊世界冠軍

大衛・帕傑（David Pagel）：藝術評論家、作家、策展人員、加州克萊蒙特大學（Claremont College）藝術史教授，專長領域為現代藝術

安東尼・佩利卡諾（Anthony Pellicano）：洛杉磯著名的私家偵探

羅伯特・佩爾頓（Robert Pelton）：採訪衝突區的記者、《全世界最危險的地方》（*The World's Most Dangerous Places*）一書作者

安迪・潘伯頓（Andy Pemberton）：《Blender》雜誌的前總編輯

大衛・裴卓斯（David Petraeus）：美國中情局長（二〇一一年至二〇一二年），以陸軍四星上將退役

瑪麗亞娜・普費爾策（Mariana Pfaelzer）：美國聯邦巡迴上訴法院法官，反對《加州第一八七號移民提案》（California's Proposition 187）

傑・費蘭（Jay Phelan）：演化生物學家、加州大學洛杉磯分校教授

安・菲爾賓（Ann Philbin）：洛杉磯哈默博物館（Hammer Museum of Art）館長

馬可・普拉金（Mark Plotkin）：民族植物學家、作家、熱帶雨林生態系統專家

克里斯多夫・普羅（Christopher "moot" Poole）：網路創業家、創辦4chan和Canvas網站

佩吉・波斯特（Peggy Post）：艾米麗波斯特研究所（Emily Post Institute）所長、作家、禮儀顧問

維吉妮雅・帕斯楚（Virginia Postrel）：政治和文化記者、作家

柯林・鮑爾（Colin Powell）：美國國務卿（二〇〇一年至二〇〇五年）、前參謀長聯席會議（Joint Chiefs of Staff）主席、前國家安全顧問，以陸軍四星上將退役

奈德・普雷布爾（Ned Preble）：之前擔任主管，擅長分合法（Synectics），也就是運用創造性方法解決問題

伊里亞・普里戈金（Ilya Prigogine）：化學家、德州大學奧斯汀分校（University of Texas at Austin）教授、諾貝爾化學獎得主、《確定性的終結：時間、混亂與新自然法則》（*The End of Certainty: Time, Chaos, and the New Laws of Nature*）一書作者

王子（Prince）：歌手、音樂製作人、演員

沃夫岡・帕克（Wolfgang Puck）：名廚、餐廳老闆、創業家

暴動小貓（Pussy Riot）：瑪麗亞・阿列希娜（Maria Alyokhina）和娜德日達・托洛科妮可娃（Nadezhda Tolokonnikova），這兩名俄羅斯女權主義龐克搖滾樂團的成員曾入獄服刑

史蒂芬・奎茲（Steven Quartz）：哲學家、加州理工學院教授，專長領域為大腦的價值系統及其如何與文化互動

詹姆斯・昆利文（James Quinlivan）：蘭德公司分析師，專長為替大型組織推動改革與引進新技術

威廉・雷德（William C. Rader）：精神科醫生，注射幹細胞以治療各種疾病

傑森・藍道（Jason Randal）：魔術師、算命師

雷根：美國總統（一九八一年至一九八九年）

薩默・雷石東（Sumner Redstone）：媒體大亨、企業家、哥倫比亞廣播公司和維亞康姆公司（Viacom）董事長

茱蒂絲・雷根（Judith Regan）：編輯、出版社發行人

艾迪・雷費爾特（Eddie Rehfeldt）：為公關公司萬卓環球（Waggener Edstrom）的創意主管

大衛・雷姆尼克（David Remnick）：記者、作家、《紐約客》雜誌的編輯、普立茲獎得主

大衛・羅德斯（David Rhodes）：哥倫比亞廣播公司新聞部總裁、前福斯新聞副總裁

馬修・理查（Matthieu Ricard）：和尚、攝影師、《快樂學——修練幸福的二十四堂課》（*Happiness: A Guide to Developing Life's Most Important Skill*）一書作者

萊斯：美國前國務卿（二〇〇五年至二〇〇九年）、國家安全顧問、史丹佛大學前教務長、史丹佛大學商學院政治經濟學教授

法蘭克・里奇（Frank Rich）：記者、作家、前《紐約時報》專欄作家、《紐約客》雜誌特約編輯

邁克・林德（Michael Rinder）：活躍分子、國際山達基教會（Church of Scientology International）前資深主管

理查・雷登（Richard Riordan）：洛杉磯市長（一九九三年至二〇〇一年）、企業家

東尼・羅賓斯（Tony Robbins）：勵志教練、作家、激勵演說家

羅伯・威爾森（Robert Wilson）與**李查・赫頓**（Richard Hutton）：刑事辯護律師

布萊恩・羅伯茲（Brian L. Roberts）：康卡斯特有線電視公司（Comcast Corporation）的董事長兼執行長

伯頓・羅伯茲（Burton B. Roberts）：紐約州布朗克斯區（Bronx）最高法院首席行政法官，湯姆・沃爾夫（Tom Wolfe）的小說《名利之火》（*The Bonfire of the Vanities*）裡的人物就是以他為典範

麥可・羅伯茲（Michael Roberts）：時尚記者、《浮華世界》的時尚風格總監、《紐約客》前時尚總監

喬・羅賓森（Joe Robinson）：講師和培訓專家，授課主題為如何平衡工作與生活以及提高生產力

格里・羅奇（Gerry Roche）：海德思哲（Heidrick & Struggles）公司的老董事長，這家獵人頭公司專門招募企業主管

艾倫・羅斯（Aaron Rose）：電影導演、藝術展策展人、編劇

查理・羅斯（Charlie Rose）：記者、電視節目主持人、美國公共電視網《查理・羅斯秀》（*The Charlie Rose Show*）主持人

馬爾・羅山（Maer Roshan）：作家、編輯、創辦《雷達》（*Radar*）雜誌和在線雷達網站（radaronline.com）的企業家

帕斯誇萊・羅泰拉（Pasquale Rotella）：知名派對公司 Insomniac Events 的創辦人，創辦了電子太陽花嘉年華會（Electric Daisy Carnival）音樂季活動

卡爾・羅夫（Karl Rove）：共和黨政治顧問、布希總統競選時的策略顧問、布希任內的資深顧問與副幕僚長

瑞克・魯賓（Rick Rubin）：唱片製作人、戴夫傑姆唱片公司的創辦人

若夏：普普藝術家

薩爾曼・魯西迪（Salman Rushdie）：小說家、著有《午夜之子》（*Midnight's Children*）和《撒旦詩篇》（*The Satanic Verses*），榮獲英語小說界最重要的布克獎（Booker Prize）

RZA：武當派的主唱、歌手、演員、音樂製作人

查理斯・薩奇（Charles Saatchi）：薩奇廣告公司（Saatchi & Saatchi）的共同創辦人、謀奇廣告公司（M&C Saatchi）的共同創辦人

傑佛瑞・薩克斯（Jeffrey Sachs）：經濟學家、哥倫比亞大學教授、哥倫比亞大學地球研究所（Earth Institute）所長

奧利佛・薩克斯（Oliver Sacks）：神經醫學家、作家、紐約大學（New York University）醫學院教授

薩根：天文學家、天體物理學家、宇宙學家、作家、康乃爾大學（Cornell University）教授、美國公共電視網《宇宙大探索》（*Cosmos*）系列節目的主持人和共同編劇

沙克：科學家、小兒痲痺疫苗的首位發明者、沙克生物研究所的創辦人

傑瑞・索茲（Jerry Saltz）：《紐約》雜誌藝術評論家

詹姆斯・桑德斯（James Sanders）：研究舊約聖經的學者、《死海古卷》（Dead Sea Scrolls）的編輯之一

蕭恩・山佛德（Shawn Sanford）：微軟生活型態行銷部門主管

羅伯特・薩波斯基（Robert Sapolsky）：神經內分泌學家、史丹佛醫學院教授

約翰・薩爾諾（John Sarno）：紐約大學醫學院復健醫學教授

舒爾：前中情局情報人員、中情局反恐中心賓・拉登追蹤單位的前主管、作家

保羅・席梅爾（Paul Schimmel）：洛杉磯現代美術館前館長

朱利安・施納貝爾（Julian Schnabel）：藝術家、電影製作人

霍華・舒茲（Howard Schultz）：星巴克（Starbucks）的董事長兼執行長

約翰・施瓦茲（John H. Schwarz）：理論物理學家、加州理工學院教授、最早從事弦理論研究的學者之一

大衛・史考特（David Scott）：阿波羅時代太空人、第一位在月球上駕駛的人

瑪麗・林・史卡凡佐（Mary Lynn Scovazzo）：整形外科醫生、運動醫學專家

泰倫斯・索諾斯基（Terrence Sejnowski）：教授、沙克生物研究所計算神經生物學實驗室（Computational Neurobiology Laboratory）負責人

馬歇爾・塞拉（Marshall Sella）：《紳士季刊》（*GQ*）、《紐約》雜誌、《紐約時報雜誌》（*New York Times Magazine*）的記者

艾爾・夏普頓（Al Sharpton）：浸信會牧師、民權活躍人士、脫口秀節目主持人

丹尼爾・希恩（Daniel Sheehan）：憲法律師、公益律師、克利斯提克律師事務所的共同創辦人、羅梅洛事務所（Romero Institute）創辦人

邁克・希恩（Mike Sheehan）：紐約市警察，後來成為新聞記者

羅納德・席格爾（Ronald K. Siegel）：精神病藥理學家、作家

邁克爾・西格曼（Michael Sigman）：《洛杉磯週報》（*LA Weekly*）的前總裁與發行人

桑福德・西格洛夫（Sanford Sigoloff）：商人、企業周轉專家

本・希伯曼（Ben Silbermann）：創業家、Pinterest的共同創辦人與執行長

賽門・西奈克（Simon Sinek）：前廣告公司主管、激勵人心的演說家、《先問，為什麼？啟動你的感召領導力》（*Start with Why: How Great Leaders Inspire Everyone to Take Action*）一書作者

麥克・史金納（Mike Skinner）：歌手、音樂製作人、英國嘻哈團體街頭小子（Streets）的主唱

斯里克・瑞克：歌手、音樂製作人

安東尼・史萊德（Anthony Slide）：記者、作家、流行娛樂史專家

史林：墨西哥企業家、投資者、慈善家

蓋瑞・斯默爾（Gary Small）：加州大學洛杉磯分校醫學院精神科教授、加州大學洛杉磯分校老化研究中心（UCLA Center on Aging）主任

弗雷德・史密斯（Fred Smith）：聯邦快遞公司（FedEx Corp.）的創辦人、董事長、執行長

瑞克・史莫蘭（Rick Smolan）：《生命中的一天》（Day in the Life）攝影系列作品的共同製作人、《國家地理》（*National Geographic*）雜誌、《時代》（*Time*）雜誌、《生活》（*Life*）雜誌的前攝影師

法蘭克・史奈普（Frank Snepp）：記者、越戰時中情局情報分析專家

史考特・史奈德（Scott Snyder）：漫畫書作者、短篇小說家

斯卡特・安德魯・史奈德（Scott Andrew Snyder）與**崔西・福爾曼・史奈德**（Tracy Forman-Snyder）：負責洛杉磯Arkitip公司的設計和藝術

強尼・史班（Johnny Spain）：一九七一年聖昆丁州立監獄（San Quentin State Prison）六名逃獄犯的其中一名

蓋瑞・史賓斯（Gerry Spence）：知名辯護律師，無論擔任檢察官或辯護律師時，從沒有打輸一場刑事官司

阿特・斯皮格曼（Art Spiegelman）：漫畫家、插畫家、著名漫畫《鼠族》（*Maus*）的作者

艾略特・史匹哲（Eliot Spitzer）：紐約州州長（二〇〇七年至二〇〇八年）、前紐約州總檢察長

彼德・史坦（Peter Stan）：蘭德公司的分析師和經濟理論家

關・史蒂芬妮（Gwen Stefani）：歌手、時尚設計師

霍華・史登（Howard Stern）：廣播和電視名人

辛蒂・史帝弗斯（Cyndi Stivers）：記者、以紐約為據點的城市文化生活週刊《Time Out New York》前總編輯

畢茲・史通（Biz Stone）：推特的共同創辦人

尼爾・史特勞斯（Neil Strauss）：《把妹達人》（*The Game: Penetrating the Secret Society of Pickup Artists*）一書作者

楊西・斯特里克勒（Yancey Strickler）：Kickstarter的共同創辦人與執行長

詹姆斯・索羅維基（James Surowiecki）：記者、《紐約客》雜誌商業金融專欄作家

艾瑞克・薩斯曼（Eric Sussman）：加州大學洛杉磯分校管理學院資深講師、安柏資本公司（Amber Capital）總裁

t.A.T.u.：俄羅斯雙人女子音樂團體

安德烈・里昂・泰利（André Leon Talley）：《Vogue》雜誌的撰稿人與前特約編輯

譚恩美（Amy Tan）：《喜福會》（*The Joy Luck Club*）一書作者

傑拉德・塔洛（Gerald Tarlow）：臨床心理學家、治療師

榮恩・提卡爾登（Ron Teeguarden）：藥草專家、研究亞洲治療方法

泰勒：理論物理學家、氫彈之父

艾德・鄧普頓（Ed Templeton）：專業滑板選手、Toy Machine滑板公司的創辦人

瑪格麗特・柴契爾（Margaret Thatcher）：英國首相（一九七九年至一九九〇年）

林恩・提爾頓（Lynn Tilton）：投資人、女企業家、Patriarch Partners投資公司的創辦人與執行長

賈斯汀・提姆布萊克（Justin Timberlake）：歌手、演員

傑弗瑞・圖賓（Jeffrey Toobin）：記者、作家、律師、《紐約客》雜誌的撰稿人員、有線電視新聞網的資深法律分析師

阿布杜拉・陶坎（Abdullah Toukan）：約旦戰略分析與全球風險評估（Strategic Analysis and Global Risk Assessment）中心的執行長

羅伯特・崔佛斯（Robert Trivers）：演化生物學家、羅格斯大學（Rutgers University）教授

理查・特科（Richard Turco）：大氣科學家、加州大學洛杉磯分校榮譽教授、麥克阿瑟獎得主

泰德・透納（Ted Turner）：媒體大亨、有線電視新聞網的創辦人

理查・泰樂（Richard Tyler）：時尚設計師

提姆・植木（Tim Uyeki）：美國疾病控制與預防中心（U.S. Centers for Disease Control and Prevention）的流行病學家

克萊格・凡特（Craig Venter）：生化學家、遺傳學家，率先完成人類基因排序的科學家之一

蒂裏・德拉維萊切特（René-Thierry Magon de la Villehuchet）：法國望族、基金經理、聯通國際投資公司（Access Internationl Advisors）的共同創辦人，該公司捲入馬多夫（Madoff）投資醜聞

比爾・維歐拉（Bill Viola）：錄像藝術家（video artist），他的作品探索不同的意識階段

傑佛遜・華格納（Jefferson Wagner）：前馬里布市議員、衝浪用品店 Zuma Jay Surfboards 的老闆

洛福斯・溫萊特（Rufus Wainwright）：歌手

約翰・華爾希（John Walsh）：藝術史學家、策展人員、前蓋蒂博物館（J. Paul Getty Museum）館長

沃荷：普普藝術家

羅伯特・沃特金斯（Robert Watkins）：企業家、美國橄欖球基金會（U.S. Rugby Foundation）主席

肯尼斯・華特曼（Kenneth Watman）：蘭德公司分析師，專長為戰略防禦和核子嚇阻

詹姆斯・沃森（James Watson）：分子生物學家、遺傳學家、動物學家、DNA結構的共同發明人、諾貝爾獎得主

安德魯・韋爾（Andrew Weil）：醫生、自然療法專家、老師、作家，專長為整合醫療

詹恩・溫納（Jann Wenner）：《滾石》雜誌的共同創辦人和發行人、《男人月刊》（*Men's Journal*）和《美國週刊》（*US Weekly*）的老闆

肯伊・威斯特（Kanye West）：歌手、音樂製作人、時尚設計師

麥可・魏斯特（Michael West）：老人醫學家、企業家、幹細胞研究人員，從事再生醫學

弗洛伊德・懷斯特曼（Floyd Red Crow Westerman）：歌手、關注美國原住民議題的政治活動家

薇薇安・魏斯伍德（Vivienne Westwood）：時尚設計師，引領一波時尚新潮流的龐克教母

彼得・懷布羅（Peter Whybrow）：精神科醫生、內分泌專家，研究荷爾蒙和躁鬱症

休・威爾希爾（Hugh Wilhere）：山達基教會發言人

菲瑞・威廉斯（Pharrell Williams）：歌手、音樂製作人、時尚設計師

小威廉絲（Serena Williams）：職業網球選手

威利・威廉斯（Willie L. Williams）：前洛杉磯警察局長

瑪麗安娜・威廉森（Marianne Williamson）：心靈導師、新時代（New Age）大師

伊恩・威爾穆特（Ian Wilmut）：胚胎學家，率先帶領研究人員複製出第一隻哺乳動物〔一隻稱為桃莉（Dolly）的綿羊〕

愛德華・威爾遜（E. O. Wilson）：生物學家、作家、哈佛大學榮譽教授，兩度獲得普立茲獎

歐普拉：歐普拉網路電視網（Oprah Winfrey Network）的創辦人與董事長、演員、作家

喬治・沃福（George C. Wolfe）：編劇、劇場導演，兩度獲得東尼獎（Tony Award）

史蒂夫・沃茲尼克（Steve Wozniak）：蘋果公司的共同創辦人、設計蘋果一號（Apple I）和蘋果二號（Apple II）電腦的工程師、發明家

約翰・雷恩（John D. Wren）：行銷傳播公司宏盟集團（Omnicom）的總裁兼執行長

威爾・萊特（Will Wright）：遊戲設計師、開發出模擬城市（Sim City）和模擬市民（The Sims）等遊戲

史提芬・永利（Steve Wynn）：企業家、拉斯維加斯賭場大亨

吉迪恩・雅谷（Gideon Yago）：作家、前《MTV News》記者

艾坦・亞德尼（Eitan Yardeni）：喀巴拉中心（Kabbalah Centre）的老師和心靈顧問

丹尼爾・尤金（Daniel Yergin）：經濟學家、《石油世紀》（*The Prize: The Epic Quest for Oil, Money and Power*）一書作者、普立茲獎得主

丹・約克（Dan York）：直播電視集團（DirecTV）的內容長（chief content officer）、美國電話電報公司（AT&T）的前廣告業務部總裁

邁克爾・楊（Michael W. Young）：遺傳學家、洛克菲勒大學（Rockefeller University）教授、專長為生理時鐘和日夜週期節律

楊增善（Shinzen Young）：冥想老師

亞蘭・塞德（Eran Zaidel）：神經心理學家、加州大學洛杉磯分校教授、人類大腦半球交互作用專家

霍華德・津恩（Howard Zinn）：歷史學家、政治學家、波士頓大學教授、《美國人民的歷史》（*A People's History of the United States*）一書作者

附錄　如何開啟好奇心對話

我們在本書裡，一直談論如何使用問題和好奇心使你的生活更美好，或許你也想嘗試一下我所做的事：想與一些真正有趣的人坐下來展開好奇心對話，了解他們看待這個世界的方式與你有何不同。

好奇心談話可以讓你的生活更上一層樓，它們為我所帶來的幫助，你也絕對可以親身體驗，不僅能幫你拓展自己的世界、讓你看事情的角度更寬廣、還能讓你淺嘗前所未有的經驗。

對話入門版

每個人都有自己的風格，但我建議你從周遭的人開始，其實我當初就是這麼做的。先想想你的親戚、朋友、熟人、同事中，也許有些人的工作很耐人尋味或擁有非常特殊的經歷——教育、成長背景、文化，或是那些跟你在同一個行業，但是在不同舞台發揮的人。

這是個很棒的起點，可以感受一下好奇心對話如何運作。挑一個人，詢問對方是否願意與你約時間談二十分鐘，明確告訴對方你想談些什麼主題。

「我一直對你的工作感到很好奇，我想要進一步了解那個領域，不知道你是否願意花二十分鐘跟我談談你的工作內容、曾經碰到的挑戰和成就感來源。」

或是……

「我一直很好奇你後來如何走上（無論對方的職業為何）這一行，我在想你是否願意花二十分鐘，跟我談談你的心路歷程——在你的職業生涯中曾碰到哪些關鍵轉折點？」

要是有人點頭答應與你聊聊，無論是家人、熟人或朋友的朋友，請參考以下提供的一些小訣竅：

- 明確指出你希望聽他們的故事，而不是要找工作，也不是請他們為你自己的狀況或面臨的挑戰提供諮詢，你純粹只是對他們感到好奇。
- 即使與你交談的對象是你已經認識的人，還是要尊重對方，要以稍微正式的心態看待這種場合，因為你要談的內容與平常不同，穿著要得體，記得要準時，一坐下來開始談話時，就要先感謝對方願意撥出時間。

- 事先想好你最希望從這次對話得到什麼收穫，先列出一些開放式的問題，讓對方陳述你最感興趣的內容：「你事業上第一次的成就是什麼？」「你為什麼決定要做（無論對方的工作為何）？」「請告訴我你必須克服的幾個大挑戰。」「最讓你驚訝的事情是什麼？」「你後來為什麼會住在（對方目前居住的城市）？」「你現在做的哪一部分是圈外人通常不容易理解的？」
- 不要受限於你事先準備好的問題，而是拿來當參考就好：認真聆聽，跟對方好好聊天，根據他所說的內容問問題，讓他能進一步闡述這些故事或重點。
- 不要分享自己的故事或心得，只要傾聽然後提出問題。目標是在有限的時間內，讓你儘可能從談話的對象身上學習並多了解他。
- 尊重對方的時間，必須適時結束一段很棒的對話，如果他同意給你二十分鐘，要留意時間。即使過程很順利，預計的時間到了，可以說：「我不想佔用你太多時間，二十分鐘到了。」或「已經過了二十分鐘，也許我應該到此為止。」人們往往會說：「我非常樂在其中，可以再給你幾分鐘。」
- 心存感謝。不要只說謝謝你三個字，而是要發自內心讚美這樣的對話：「真是太有趣了。」結束後寫一封非常簡短的電子郵件感謝對方，信中也許可以強調你特別喜歡或讓你大開眼界的故事或重點。在這封感謝信中不該再提出任何要求，你所寫的內容應該是讓對方根本沒有回覆的必要。

好奇心對話進階版

要與在你自己圈外的人或是陌生人安排對話比較困難，但卻相當吸引人，甚至很刺激。你應該跟誰聯絡？先想想看你的興趣，無論是大學橄欖球、天體物理學或烹飪，你的社區裡絕對都有在地的專家。看報紙或當地新聞時，留意那些讓你印象深刻的人，找出在當地大學裡的專家。

與你自己圈外人士安排好奇心對話需要更多的規劃，而且要更慎重：

- 首先，一旦確定好你想坐下來聊二十分鐘的人選，開始思考你認識的人當中，會不會有人也剛好認識那個人。先與你認識的人聯絡，解釋你想與某某人交談，然後問這個朋友是否能讓你借用一下他的名字。比方說，你可以寫一封電子郵件，開頭是：「我之所以寫這封信，是經由（共同朋友的名字）的推薦」，立刻就能建立可信度。

- 如果想見到完全不在你圈子裡的人，就要利用你自己的身分地位，並且傳達出濃厚的興趣。「我是當地一家醫院的副院長，我對於天文學一直非常感興趣，我在想你是否願意花二十分鐘跟我聊聊你的工作，以及這個領域的現況。我能理解你不認識我，但我完全是出於真正的好奇心而寫這封信，如果你方便的話，我希望能跟你聊二十分鐘。」
- 回覆你的可能會是助理，對方希望能進一步知道更多的資訊，因為有些人可能會覺得這種要求有點不尋常。跟對方解釋一下你的期望，表明你不是要找工作或尋求建議，也不是要轉換跑道，純粹只是想稍微了解這個在你關心的領域裡，真正功成名就的人。
- 如果對方願意跟你約時間見面，事先一定要儘量閱讀與對方本身和他工作領域相關的資料，這麼做可以幫你提出一些與他專業或業餘嗜好相關的好問題，但請注意不要越線：要尊重對方的隱私。
- 不只要留意對方說的話，還要觀察他怎麼說，人們說話的語氣、說故事或回答問題的方式，所透露出來的訊息通常跟答案本身一樣多。
- 對話入門版的訣竅，以及對話入門版的經驗，都可以應用在這裡。事先想好問題，但是要以你當場聽到的東西為基礎讓對話繼續，你的角色是提出問題，不是分享自己的想法，注意時間，當場親自謝謝對方，事後再寫一封非常簡短的電子郵件感謝他。如果是透過對方的助理幫忙安排好奇心對話，在感謝信裡一定要提到這個人。

好奇心外帶版

你會發現大家都喜歡談論自己——關於自己的工作、自己的挑戰、分享自己如何成功的故事。

萬事起頭難，最難的部分是一開始。

在一段正式的好奇心對話裡，我建議不要做筆記，目標是要有一段很棒的對話，做筆記可能會讓人不舒服。

但是等你離開某個人的辦公室，值得花短短幾分鐘，思考一下這段對話內容當中最令你驚訝的是什麼，這個人的語氣和人格特質與你原本想像的一樣嗎？他所做的哪些決定是你在同樣的情況下可能不會做的？

你不必事先安排正式的場合，才能擁有好奇心對話。你在各式各樣的場合都會碰到人，比如說，搭飛機或參加喜宴坐在你旁邊的人，也許都有相當吸引人的故事，而且來自與你截然不同的世界，在那種情況下，你要做的就只是轉過頭去微笑，自我介紹，然後開始對話：「你好，我是布萊恩．葛瑟，我從事電影業，請問你從事哪一行？」

請記住，如果你想學東西，就應該要問問題，聆聽答案，而不是談論自己。

好奇心對話專業版：舉辦好奇心晚餐

你可以運用上述的原則並加以延伸，主辦一次聚會邀請一些人參加。先想兩、三個有趣的朋友或熟人，不必管他們彼此是否已經認識，最好是來自不同的行業和背景。邀請這些人參加，並請他們各自再邀請兩、三個最有趣的朋友或熟人，最後會挑選出一群人，彼此有共同的朋友，而且最好是來自相當不同的領域。

你可以根據自己的喜好，決定正式或非正式的晚餐，但地點應該有助於大家輪流交談。利用上述建議為這次的晚餐對話暖場，鼓勵每個人按照自己的好奇心提出問題，仔細聆聽，了解彼此。

謝詞

布萊恩・葛瑟

記者查理・羅斯是第一個認真建議我要針對好奇心寫一本書的人，他邀請我上他在美國公共電視網的採訪節目談論好奇心，結束後說：「你應該寫一本關於這個主題的書。」

那是十年前的事了，查理・羅斯種下了種子，而朗霍華很清楚這些好奇心對話的範圍非常廣泛，也偶爾會鼓吹我寫一本書，他覺得我幾十年來與人交談的內容裡，充滿了許多樂趣和洞見。

但我總覺得這個想法有點不妥，一本關於我好奇心的書聽起來很自我，其他人可能不會感興趣。

二〇一二年有天下午，我與布萊恩・洛德（Bryan Lourd）談論好奇心，他是我演藝事業的其中一個代理人，他說：「你為什麼不寫一本關於那個主題的書？你為什麼不寫一本關於好奇心的書？」洛德在創新藝人經紀公司（CAA）的同事理查．拉夫特（Richard Lovett）也提出同樣的建議，我回答說這樣子的書好像不太有趣。洛德說：「不是，這本書的主題不是要關於**你的**好奇心，而是關於這趟好奇心旅程如何帶領你走到今天的生活。這本書的重點是關於**好奇心**，關於你如何用它來探索這個世界，而不是炫耀你的成就。」

這個切入點又重新調整了對於書本內容的想法——這本書不是關於我的好奇心，而是關於好奇心讓我能做到的事，以及好奇心能讓任何人做到的事。於是頓時讓我找到這本書的焦點。

我不想把自己與所有人的對話都寫進一本書裡，我想寫的是展開這些對話背後的那股衝動，我想用這些對話來說一個故事：故事內容說明我在自己的人生中如何逐步發現好奇心的力量。

在本書中，我提到小時候外婆如何鼓勵和培養我好奇心的故事。成年後，也一直有一些關鍵人物同樣支持我的好奇心風格。

事實上，第一位就是我這三十年來最親密的事業夥伴朗霍華，他和我一起經營想像娛樂公司，也是我最好的朋友，他能跟我產生共鳴，一路以來支持著我，為我樹立良知的標準，鼓勵我運用好奇心，從不間斷。

邁克爾．羅森伯格（Michael Rosenberg）過去二十六年來，一直幫我和朗霍華運用企業管理般有條理的方式來製作電影，我們手上通常同時有十五或二十個計畫，工作已如此繁忙，我相信羅森伯格應該不會覺得我在百忙之中還需要再加上一本書的工作量，因為如此一來每週勢必得額外撥出好幾個小時才能完成。但是他從一開始就大力支持這本書，並想出如何將這個出書計畫放進現有的進度表，但卻完全不影響我們正在做的一切。如果沒有羅森伯格的忠誠、決心和安靜的領導，我們一定會深陷五里霧中，摸不著頭緒。

凱倫・卡希拉・雪伍德（**Karen Kehela Sherwood**）是第一個幫我安排「好奇心對話」的人，接手了多年來我必須靠自己完成的任務。她也有著和我一樣的決心，讓人們願意來與我交談，而且她擴大了我們的範圍，讓好奇心對話更為專業，把我的優先順序放在第一位，我由衷感謝她。

繼雪伍德後，許多主管和助理多年來也持續幫我安排對話。

二〇〇六年，布萊德・葛羅斯曼（**Brad Grossman**）為好奇心對話流程建立一套制度，賦予好奇心對話深度和結構，我在他的幫助下，見到很有趣的人，接觸新鮮的主題，要是沒有他，我可能永遠不會見到這些人。

在想像娛樂公司裡，下列這些人的幫助和指導更是不可或缺，包括：艾瑞克・預肯（**Erica Huggins**）、吉姆・羅斯（**Kim Roth**）、羅賓・盧斯萊因哈特・巴里斯（**Robin Ruse-Rinehart Barris**）、卡爾普和賽吉夏（**Sage Shah**）。希拉蕾・麥森傑（**Hillary Messenger**）和李・德雷福斯（**Lee Dreyfuss**）日復一日，陪伴我走過這些日子。

我要感謝我的手足諾拉（Nora）和蓋文（Gavin），他們聽我問問題的時間比其他人還要久，讓我能愉快地與真實世界連結，我們就是一起在這個世界裡長大的。

我的孩子是我人生中的喜樂泉源，萊利、賽吉、湯馬斯（Thomas）和派翠克（Patrick）是我最好的好奇心嚮導，每個孩子都引領我進入不同的宇宙，如果沒有他們，我永遠不會有機會對這些宇宙一探究竟。

在創作本書的過程中，我的未婚妻維羅尼卡・史邁利（Veronica Smiley）自始至終都陪伴在我身邊，沒有她本書無法完成。她能夠看到每個人的優點，本能地知道如何讓我發揮最好的那一面，她的慷慨、愉悅、冒險精神具有傳染力。

好奇心這個主題之所以能從一個想法變成一本實體書，我要感謝創新藝人經紀公司的賽門・葛林（Simon Green），是他讓這本書得以出版。

賽門舒斯特（Simon & Schuster）出版公司的總裁兼發行人強納森・卡普（Jonathan Karp），打從一開始就了解我想出版的是什麼種類的書，從構思這個點子一直到整個寫作過程中，他給了我們許多支持，也提供很棒的編輯意見，對於這本書和它的可能性始終有著清晰的願景，讓我不至於偏離主題。

賽門舒斯特出版公司裡的席妮・谷川（Sydney Tanigawa），非常認真仔細編輯書中文字，這本書在她的協助下變得更好。賽門舒斯特出版社裡許多人都提供大量的支持，包括：強納森・卡普辦公室裡的梅根・霍根（Megan Hogan）；公關部門的凱利・戈德斯坦（Cary Goldstein）和凱林・派特森（Kellyn Patterson）；行銷部門的理查・羅勒（Richard Rhorer）和黛娜・卓克（Dana Trocker）；編輯管理部門的艾琳・卡拉迪（Irene Kheradi）、吉娜・迪馬西雅（Gina DiMascia）和費・卡普蘭（Ffej Caplan）；藝術設計部門的傑基・蕭（Jackie Seow）、克里斯多福・林（Christopher Lin）和喬伊・歐米拉（Joy O'Meara）；生產與審稿部門的麗沙・歐文（Lisa Erwin）和卡拉・班頓（Carla Benton）；為本書製作索引的朱蒂絲・漢考克（Judith Hancock）。

最後，我要感謝與我合著這本書的作家費希曼，這位聞名全美的記者就是以問問題為生，他所提出那些關於好奇心的問題是我不曾想過的，我知道要費多大的力氣完成電影或電視節目，但我不知道要費多少功夫來完成一本書。費希曼以敘事手法把我們之間的好奇心對話變成一本具有原創性的書，實在是相當不簡單，我打電話給他時，常常開頭就直接稱呼他「萬能的費希曼！」這個稱號他確實當之無愧。

查爾斯・費希曼

我第一次聽到葛瑟的出書計畫，是我的經紀人拉斐爾・賽吉林（Raphael Sagalyn）打電話來說：「我要跟你說一個詞，看看以這個詞為主題寫一本書的想法，你會不會有興趣，這個詞是『好奇心』。」

他話一說完立刻引起我的注意力，很少有一個詞像好奇心一樣，能成為吸引人的重要主題。接著賽吉林告訴我，作者是奧斯卡得獎製作人布萊恩・葛瑟。

我要感謝葛瑟讓我有機會進入他的世界，讓我用前所未有的方式來思考好奇心。他是說故事高手，這些日子以來我們一起合作，讓好奇心這個概念能具體成形，整個過程相當令人著迷，樂趣十足，帶給我很多啟發。他的核心理念是：好奇心的力量能讓每個人的生活更美好，相當鼓舞人心。

我還要感謝卡普，他一開始就認為我可能會對這項計畫感興趣，無論在最初討論這本書的風貌、或是最後的編輯作業，他都給了我們寶貴的建議，若沒有他的支持，本書無法順利完成。我們在賽門舒斯特的編輯谷川小姐一直很有耐心，提供精闢的見解。

如果沒有想像娛樂公司裡的團隊，就無法完成這本書，公司裡的每個人都很樂意協助，從沒有拒絕過任何請求，感謝朗霍華、羅森伯格、預肯、羅斯、巴里斯、卡爾普和賽吉夏。麥森傑和德雷福斯讓我能與葛瑟保持聯絡，他們的幽默感從沒有失靈過。

如果沒有賽吉林的建議、吉歐夫（Geoff）的指導、崔西（Trish）、尼克拉斯（Nicolas）和瑪雅（Maya）的耐心和支持，這本書絕對無法完成，他們是我好奇心對話最佳的起點和終點。

注釋

前言　因為好奇，人生充滿驚奇

1. 一九五二年三月十一日，愛因斯坦曾寫信給幫他寫傳記的作家卡爾·西利格（Carl Seelig），這句話即出自於此。請參考愛莉絲·卡拉普斯（Alice Calaprice）編的《愛因斯坦還說……》（*The Expanded Quotable Einstein*）一書，二〇〇〇年由紐澤西普林斯頓大學出版社（Pinceton University Press）出版。

1　無藥可解的好奇心

1. 這句話可說是一針見血，一語道破好奇心的力量。一般認為出自於詩人兼作家派克，但不論在學術或網路資源，都找不到她何時寫下或說出這句話。偶爾會有人認為這句話是一個叫艾倫·帕爾（**Ellen Parr**）的人所說的，但一樣沒有確切的文獻出處或關於帕爾的資料。不過，這句話鏗鏘有力，的確符合派克犀利的文字風格。

2. 三十歲以下的讀者，可能不知道之前電話公司會提供這項很棒的服務，如果想知道一個電話號碼，在美國只需撥打四一一，查號人員會幫忙查詢，也能查地址。

3. 四十年後，這仍是華納兄弟公司的電話代表號，不過現在還得加上區域碼：（八一八）九五四—六〇〇〇。

4. 曼潔斯是何方神聖？相當厲害，而且可怕。二〇一三年百老匯舞台劇《最後我要吃了你》（*I'll Eat You Last*），就是在描述她的人生故事。

5. 根據Google的報告，二〇一三年每天平均搜尋次數為五九．二二億，相當於每分鐘四一一．二五萬次，請參考www.statisticbrain.com/google-searches/（二〇一四年十月十日上網取得的資料）。

6. 哥倫比亞廣播公司製作的電視影集《朱門恩怨》裡，「誰暗殺了小傑？」這個問題已成為當代相當吊人胃口的懸案，宣傳方式極為巧妙，勾起大家的好奇心。飾演小傑的賴瑞哈格曼（Larry Hagman），在一九七九至八〇年那一季最後一集被暗殺，播出日期是一九八〇年三月二十一日，足足等了八個月後，在一九八〇年十一月二十一日播出的那一集，才揭露殺害他的兇手是誰。

高明的行銷手法，加上眾人的好奇心，使得這宗懸案備受關注，連賭徒都紛紛掏錢下注，猜測兇手究竟是誰，甚至一九八〇年吉米．卡特（Jimmy Carter）與雷根在競選總統時，都拿「誰暗殺了小傑？」開玩笑。共和黨製作的選舉徽章上寫著：「民主黨暗殺了小傑。」卡特總統則說要是他能找出誰暗殺了小傑，募集選戰資金就沒問題。

哥倫比亞廣播公司共拍攝了五種版本，每種版本的殺人兇手都不相同。十一月二十一日播出的那一集，兇手是小傑的情婦克莉絲汀．薛普（Kristen Shepard）。請參考content.time.com/time/magazine/article/0,9171,924376,00.html#paid-wall（二〇一四年十月十日上網取得的資料）。

如果你對於威力球樂透彩（全美共四十五州出售）的最高彩金感到好奇，答案是五億九千零五十萬美元，於二〇一三年五月十八日開出，由八十四歲的婦人葛羅莉亞．麥肯錫（Gloria C. MacKenzie）一人獨得，購買地點為佛羅里達州澤弗希爾斯（Zephyrhills）小鎮的大眾超市（Publix）。請參考www.npr.org/blogs/thetwo-way/2013/06/05/189018342/84-year-old-woman-claims-powerball-jackpot（二〇一四年十月十日上網取得的資料）。

7. 成年人往往不知道如何回答「天空為什麼是藍色的？」雖然這個問題很簡單，大家抬頭即可見到藍天，但答案卻很複雜。天空之所以是藍色，主要是與光本身的組成有關。

藍光的波長較短，比其他顏色的光更容易受到空氣中的粒子散射（scatter），因此太陽光照射到地面時，藍光穿過大氣層而四處散射，佈滿了整個天空，我們看到的即為藍色天空。

愈往上藍色會變淡，如果搭乘客機飛到六哩（三萬二千呎）的高度，只剩下淺淺的水藍色。如果飛得更高，你抬頭看到的天空開始變成黑色——黑色的外太空。

沒有光線照射，天空看起來當然不會是藍色。因此太陽下山後，天空不再是藍色。

8. 出自新國際版聖經（New International Version of the Bible），創世紀第二章第十六、十七節。請參考www.biblegateway.com（二〇一四年十月十八日上網取得的資料）。

9. 出自新國際版聖經，創世紀第三章第四、五節。

10. 出自新國際版聖經，創世紀第三章第六節。
11. 出自新國際版聖經，創世紀第三章第七節。
12. 對一間電影公司而言，在短時間內製作出這麼多部品質優良的電影，而且能帶來文化上深遠的影響，可說是相當驚人的成就。按年份排列為：

《發條橘子》，一九七一年（獲得四項奧斯卡獎提名）

《緊急追捕令》，一九七一年

《激流四勇士》，一九七二年（獲得三項奧斯卡獎提名）

《大法師》，一九七三年（拿下兩項奧斯卡獎，獲得十項提名）

《閃亮的馬鞍》，一九七四年（獲得三項奧斯卡獎提名）

《火燒摩天樓》，一九七四年（拿下三項奧斯卡獎，獲得八項提名）

《熱天午後》，一九七五年（拿下一項奧斯卡獎，獲得六項提名）

《驚天大陰謀》，一九七六年（拿下四項奧斯卡獎，獲得八項提名）

13. "A Strong Debut Helps, As a New Chief Tackles Sony's Movie Problems," Geraldine Fabrikant, *New York Times*, May 26, 1997。
14. 凱利在二〇一一年過世時，《洛杉磯時報》刊登的照片，就是他坐在沙發裡一隻腳放在茶几上。請參考 www.latimes.com/entertainment/news/movies/la-me-2011notables-calley,0,403960.photo#axzz2qUMEKSCu（二〇一四年十月十日上網取得的資料）。

15. 我在想像娛樂公司的辦公室裡確實有張桌子，但不常坐在那裡。我有兩張沙發，那才是我工作的地方，在沙發或茶几上把筆記攤開，電話放在我旁邊的沙發墊上。

16. 請停下來想一下，無論你從事何種行業，比方說電影、軟體、保險、醫療保健或廣告，想像你從今天開始，決定未來六個月內，**每天**都要認識一個在這一行的人，交談時間不見得要長達一小時，可以只聊個五分鐘。六個月後，你會比現在至少多認識這個行業裡的一百五十個人，就算其中只有一〇％的人能對某項計畫提供見解、人脈、支持，你也多了十五個新盟友。

17. The piece ran in the *New Yorker*'s "Talk of the Town" section: "Want Ad: Beautiful Minds," by Lizzie Widdicombe, March 20, 2008。

18. 這是根據《富比士》（*Forbes*）雜誌全球富豪排行榜的排名。我與史林見面時，他名列第一，至二〇一四年底仍蟬聯榜首。不過前三名（史林、微軟創辦人比爾．蓋茲（Bill Gates）和股神華倫．巴菲特（Warren Buffett））的排名，會因股票市場價格變動而稍有不同。

2 警察局長、電影大亨和氫彈之父：從其他人的角度思考

1. 納博科夫原本完整的句子是：「好奇心這件事，可說是不順從的極致表現。」出自於一九四七年的小說《庶出的標誌》（*Bend Sinister*），請參考二〇一二年紐約古典書局出版社（Vintage）的經典平裝書第四十六頁。

2. 老布希總統在演講中譴責暴動，他說這次暴動「無關公民權利」、「也沒有傳達出抗議的訊息」，而

「純粹是暴民野蠻的惡行，如此而已」。但他也提及金被毆事件：「我們在錄影帶裡看到的畫面令人作嘔，我感到憤怒、痛苦，我要怎麼向孫子解釋這件事？」以下連結為一九九二年五月一日的演講內容：www.presidency.ucsb.edu/ws/?pid=20910（二〇一四年十月十日上網取得的資料）。

3. 在金被毆事件發生後（警察接受審判前），有一個小組調查洛杉磯警局值勤做法和蓋茨的管理風格，蓋茨在一九九一年夏天就曾宣布要離職，後來拖延了好幾次，甚至要接任他的費城警察局長威利・威廉斯都準備好要走馬上任，蓋茨還威脅要延後離職時間。

請參考下列資料，說明蓋茨不情願離職的過程（皆為二〇一四年十月十日上網取得的資料）：

Robert Reinhold, "Head of Police in Philadelphia Chosen for Chief in Los Angeles," *New York Times*, April 16, 1992, www.nytimes.com/1992/04/16/us /head-of-police-in-philadelphia-chosen-for-chief-in-los-angeles.html。

Richard A. Serrano and James Rainey, "Gates Says He Bluffed Staying, Lashes Critics," *Los Angeles Times*, June 9, 1992, articles.latimes.com/1992-06-09/news /mn-188_1_police-department。

Richard A. Serrano, "Williams Takes Oath as New Police Chief," *Los Angeles Times*, June 27, 1992, articles.latimes.com/1992-06-27/news/mn-828_1_police-commission。

4. 蓋茨原本是威廉・帕克（William H. Parker）的部屬，洛杉磯警察總局帕克中心就是以帕克的名字命名。蓋茨早年擔任巡邏警察時，即被指派為帕克的司機，這份工作讓他能每天近距離觀察如何獲得和使用權威。後來，蓋茨成為帕克的得力助手。帕克是任職期間最久的洛杉磯警察局長，共達十六年（一九五〇年至一九六六年）；蓋茨是任期第二久的局長，達十四年。

5. 小說家和畫家可以一再重複相同的主題、人物和主旨，很多暢銷書系列裡的人物和情節都很類似。好萊塢的演員、導演，以及其他人應該避免這麼做，以免被定型或讓人覺得冷飯熱炒，了無新意。

6. 我和舒爾在二〇〇四年談話，那時他剛離開中情局，出版《帝國的傲慢》（*Imperial Hubris*）一書，內容描述第一線情報人員。若想進一步了解舒爾自那時起日益極端的觀點，請閱讀大衛・弗洛姆（David Frum）於二〇一四年一月三日在《野獸日報》（*Daily Beast*）上的文章：「邁克・舒爾徹底垮台」（Michael Scheuer's Meltdown）。網址為 www.thedailybeast.com/articles/2014/01/03/michael-scheuer-s-meltdown.html（二〇一四年十月十日上網取得的資料）。

7. 這份名單來自《紐約時報》沃瑟曼的訃文，他於二〇〇二年六月三日辭世。內容由喬納森・坎代爾（Jonathan Kandell）撰寫：「盧・沃瑟曼，享年八十九歲，好萊塢最後的大亨。」請見二〇〇二年六月四日《紐約時報》，網址為 http://www.nytimes.com/2002/06/04/business/lew-wasserman-89-is-dead-last-of-hollywood-s-moguls.html（二〇一四年十月十日上網取得的資料）。

8. 一直以來，路況平穩時大家會想在車上飲食，但自從五〇年代起，隨著免下車漢堡店興起，才開始找尋安置車內飲料的方法。若想進一步了解杯架有趣的簡史，請參考《好胃口》美食雜誌於二〇一三年二月十八日刊登的文章，作者為山姆・迪恩（Sam Dean），網址為 www.bonappetit.com/trends/article/the-history-of-the-car-cup-holder（二〇一四年十月十日上網取得的資料）。

9. 資料來源為"Turning an Icon on Its Head," *Chief Executive*, July 2003, chiefexecutive.net /turning-an-icon-on-its-head。布朗想像自己是液體矽膠的故事，請參考下列網址，內容描述倒立瓶身的發明——矽膠閥

最先使用於洗髮精瓶子。Frank Greve, "Ketchup Squeezes Competition with Upside-Down, Bigger Bottle," McClatchey Newspapers, June 25, 2007, www.mcclatchydc.com/2007/06/28/17335/ketchup-is-better-with-upside.html（皆為二〇一四年十月十日上網取得的資料）。

10. Bruce Brown and Scott D. Anthony, "How P&G Tripled Its Innovation Success Rate," *Harvard Business Review,* June 2011 (PDF file), www.hbsclubwdc.net /images.html?file_id=xtypsHwtheU%3D（二〇一四年十月十日上網取得的資料）。

11. 沃爾頓在其自傳《天下第一店》〔*Made in America*，一九九三年由紐約班塔姆出版社（Bantam Books）出版，與約翰・惠伊（John Huey）合著〕一書中，敘述了創辦沃爾瑪的故事、如何改善企業經營和他的好奇心。沃爾頓是出了名的好奇，一位零售部主管回想之前與沃爾頓的會議說：「他會想盡辦法挖出你腦中的各種資訊才善罷干休。」（第一〇五頁）

在沃爾頓三百四十六頁的書中，「好奇心」一詞出現兩次，一次是出自於他太太海倫（Helen）說的話，描述她有多厭惡成為公眾人物：「我最討厭成為別人好奇的對象，大家對新鮮事都有好奇心，而我們一家正好成為眾人茶餘飯後的話題，每次想到這件事我就快氣瘋了。我的意思是說，我好討厭這樣。」（第九十八頁）另一次使用好奇心這個詞，是沃爾頓為了向其他人學習如何經營商店，常去零售業競爭對手的總部拜訪，對方熱烈歡迎讓他感到很訝異，「他們通常會讓我進去，或許是出於好奇心。」（第一〇四頁）但沃爾頓也一樣沒用這個詞來形容自己的好奇心。

12. 關於「創意」、「創新」和「好奇心」出現在美國媒體的頻率，數據來自於Nexis資料庫「美國報章媒體」項下的搜尋結果，該服務於一九八〇年一月一日推出。由於文字使用愈來愈頻繁，Nexis每年一月和六月會每週統計，以此結果作為具代表性的數據。

3 好奇心是好故事的關鍵要素

1. 哥德夏，《故事如何改變你的大腦？》（*The Storytelling Animal*），二〇一二年由紐約霍頓米夫林出版社（Houghton Mifflin）出版，第三頁。（譯注：繁體中文版由木馬文化於二〇一四年七月出版）
2. 你可以到Google輸入「十億美元票房系列電影」，會得到一張由納許資訊服務公司（Nash Information Services）製作的名單，該公司提供電影界的新聞和資料，特別針對電影的財務表現而出版名為《數字》（*The Numbers*）的刊物。納許公司系列電影的名單上顯示，有十四部美國系列電影在美國的票房突破十億美元，如果再加上國外的銷售數字，則金額更高。整體而言，有四十七部系列電影的票房收入超過十億美元。最新名單如下：www.the-numbers.com/movies/franchises/。納許公司的《數字》網站上說，我在過去三十五年來製作的電影總銷售額為五十六億四千七百二十七萬六千零六十美元。細節請參考：www.the-numbers.com/person/208890401-Brian-Grazer#tab=summary（皆為二〇一四年十月十八日上網取得的資料）。
3. 究竟在《阿波羅十三》裡，哪些部分與實際狀況有出入？如果你很好奇，有幾個網站提供了答案，包括太空人肯．馬廷利（T. K. Mattingly）一段很長的專訪內容，他因為接觸過德國痲疹病患，而在最後一刻被迫取消這次飛行：

馬廷利《阿波羅十三》電影專訪內容網址：www.universetoday.com/101531/ken-mattingly-explains-how-the-apollo-13-movie-differed-from-real-life/。

美國國家航空暨太空總署官方口述歷史網址：www.jsc.nasa.gov/history/oral_histories/MattinglyTK/MattinglyTK_11-6-01.htm。

Space.com網站上文章，"Apollo 13: Facts About NASA's Near Disaster"：www.space.com/17250-apollo-13-facts.html（皆為二〇一四年十月十八日上網取得的資料）。

4. "How Biblically Accurate is *Noah*?" Miriam Krule, *Slate*, March 28, 2014, www.slate.com/blogs/browbeat/2014/03/28/noah_movie_biblical_accuracy_how_the _darren_aronofsky_movie_departs_from.html（二〇一四年十月十八日上網取得的資料）。

5. 全國公共廣播電台怎麼發現聽眾有「車道時刻」？該電台一位前任新聞部高階主管告訴我，之前聽眾寫信（現在則是寫電子郵件）說，他們開車到家後並沒有直接進家門，而是先坐在車內把故事聽完。

6. 如果你不是全國公共廣播電台的忠實聽眾，不了解因為聽故事入迷而不願下車的感覺，該電台網站上列出一些能創造「車道時刻」的故事，你可以聽一、兩個看看：www.npr.org/series/700000/driveway-moments（二〇一四年十月十八日上網取得的資料）。

4 好奇心給你超級英雄般的力量

1. 史蒂芬斯（一八八〇年至一九五〇年）是二十世紀初廣受歡迎的愛爾蘭詩人和小說家。這句話出自於

《金陶罐》（*The Crock of Gold*）一書第九頁，由倫敦麥克米倫出版社（Macmillan）於一九一二年出版，請參考網站：books.google.com。

本章後面會討論完整的句子：「好奇心比勇氣更能戰勝恐懼；事實上，單憑生理上的勇氣原本可以避開的危險，卻因好奇而讓許多人置身險境。飢餓、愛和好奇是生命中偉大的動力。」

史蒂芬斯過世時，《紐約時報》特別為他刊登了長達七段的訃文：query.nytimes.com/mem/archive-free/pdf?res=9905E3DC103EEF3BBC4F51DFB467838B649EDE（二〇一四年十月十八日上網取得的資料）。

2. 艾西莫夫寫作的產量令人印象深刻，《紐約時報》在他訃文的第四段，以十年為單位詳細列出他寫過的書籍數量。請參考Mervyn Rothstein, "Isaac Asimov, Whose Thoughts and Books Traveled the Universe, Is Dead at 72," *New York Times*, April 7, 1992, www.nytimes.com/books/97/03/23/lifetimes/asi-v-obit.html。

網路上有張書單列出艾西莫夫寫的每本書名，由艾德·賽勒（Ed Seiler）編輯，顯然由艾西莫夫協助完成：www.asimovonline.com /oldsite/asimov_catalogue.html（皆為二〇一四年十月十八日上網取得的資料）。

3. 為了描述這次的見面，我們寫電子郵件給艾西莫夫太太，討論二十八年前簡短的會面，她完全沒有印象，而且對於失禮感到抱歉。她還提及，那時艾西莫夫已感染愛滋病，經常覺得不舒服，這件事當時並未公開，艾西莫夫於六年後過世。她說自己會不耐煩可能是為了要保護先生，我完全可以理解這種反應。

4. 一回想《紐約時報》上這個在紐約太平間經營應召站的故事，仍會莞爾一笑，我的電影劇本基本上就是取材於此。刊登日期是一九七六年八月二十八日，在訃文對面的「都會」版（"Metro" section）。文章的第一行說，這些應召站的經營者常常「開法醫的公務車接送應召女郎到客戶那裡」。《紐約時報》後續沒有再報導這些人被起訴的罪名，其他媒體上也沒看到。以下為原本的故事（PDF檔）：query.nytimes.com/mem/archive/pdf?res=F20617FC3B5E16738DDDA10A94D0405B868BF1D3（二〇一四年十月十八日上網取得的資料）。

5. 請參考曾擔任電影主管與記者的貝芙莉．格雷（Beverly Gray）為朗霍華寫的傳記《朗霍華的一生》（*Ron Howard: From Mayberry to the Moon... and Beyond*），書裡詳細說明《銷魂大夜班》和《美人魚》的製作過程，該書於二〇〇三年由田納西州羅特利基希爾出版社（Rutledge Hill Press）出版。

6. 《新聞週刊》刊登了一篇關於《鬼靈精》版權出售的報導，請參考："The Grinch's Gatekeeper," November 12, 2000, www.newsweek.com/grinchs-gatekeeper-156985。

二〇〇四年蘇斯博士百歲冥誕時，美聯社（Associated Press）特別製作人物專題介紹，裡面提到蓋索太太的「鬼靈精」（Grinch）車牌，請參考："A Seussian Pair of Shoulders," by Michelle Morgante, Associated Press, February 28, 2004, published in the *Los Angeles Times*, articles.latimes.com/2004/feb/28/entertainment /et-morgante28（皆為二〇一四年十月十八日上網取得的資料）。

在查爾斯．科恩（Charles Cohen）為蘇斯博士寫的傳記《*The Seuss, the Whole Seuss, and Nothing but the Seuss: A Visual Biography of Theodore Seuss Geisel*》第三百三十頁裡，提到他的「鬼靈精」車牌〔二〇〇四年由紐約藍燈書屋（Random House）出版〕。

7. 蘇斯博士的《鬼靈精》是二〇〇〇年聖誕節檔期非常賣座的電影，在美國蟬聯四週冠軍，雖然首度上映日期為十一月十七日，卻是二〇〇〇年票房最高的電影（最後共賺進三．四五億美元），而且是有史以來聖誕節檔期第二賣座的電影，僅次於《小鬼當家》。《鬼靈精》榮獲三項奧斯卡獎提名：最佳服裝設計、最佳化妝、最佳藝術指導，最後贏得了最佳化妝獎。

8. 蓋索在二〇一三年的書籍銷售數字來自於《出版人週刊》（*Publisher's Weekly*）內的文章，請參考：Diane Roback, "For Children's Books in 2013, Divergent Led the Pack," March 14, 2014, www.publishersweekly.com/pw/by-topic/childrens/childrens-industry-news/article/61447-for-children-s-books-in-2013-divergent-led-the-pack-facts-figures-2013.html。

《想起我在桑樹街見過它》出版七十五週年時，《紐約時報》報導蘇斯博士的作品總銷售量高達六億本，請參考：Michael Winerip, "Mulberry Street May Fade, But 'Mulberry Street' Shines On," January 29, 2012, www.nytimes.com/2012/01/30/education/dr-seuss-book-mulberry-street-turns-75.html（皆為二〇一四年十月十八日上網取得的資料）。

蓋索第一本書出版前曾被拒絕二十七次，這個故事大家經常提起，但是細節值得稍加著墨。他說在回家的路上，腋下夾著《想起我在桑樹街見過它》的手稿和插圖，因書本被拒絕了第二十七次而心情低落，此時在紐約麥迪遜大道（Madison Avenue）的人行道上，遇見達特茅斯學院（Dartmouth College）求學時認識的老朋友邁克．麥可柯林塔克（Mike McClintock），他問蓋索拿的是什麼東西，蓋索回答說：「這是本沒有人要出版的書，我要把它帶回家燒了。」那天早上麥可柯林塔克剛好接下先鋒出版社童書編輯的工作，他邀請蓋索到辦公室，當天他們出版社就買下這本書的版權。書出版後，《紐約客》

著名的書評家克利夫頓・費迪曼（Clifton Fadiman）用一小段話點出書中的精髓：「他們說這是小孩看的童書，但你最好也去找一本來看，蘇斯博士不可思議的圖畫讓人驚豔，帶你一窺這個深具啟發性的故事，書中小男孩誇張的想像力令人嘖嘖稱奇。」接著蓋索提及這次在街上的偶遇：「如果我當時走在麥迪遜大道的另一邊，現在可能會從事乾洗業。」

蓋索和麥可柯林塔克在麥迪遜大道巧遇的故事，以及費迪曼的書評，請分別參考蓋索的傳記《Dr. Seuss & Mr. Geisel: A Biography》第八十一、八十二頁和第八十三、八十四頁，作者為茱蒂絲・摩根（Judith Morgan）和尼爾・摩根（Neil Morgan），一九九五年由紐約達卡波出版社（Da Capo Press）出版。

9. James Reginato, "The mogul: Brian Grazer, whose movies have grossed $10.5 billion, is arguably the most successful producer in town—and surely the most recognizable. Is it the hair?" *W* magazine, February 1, 2004。

10. 二〇〇一年二月十五日的《紐約郵報》（*New York Post*）對這次古巴之旅做了一篇小幅報導，篇名為：「卡斯楚與多位媒體大亨相見歡」（Castro Butters Up Media Moguls）。

5 每次交談都是好奇心對話

1. 布朗是休士頓大學（University of Houston）社會工作研究所的教授，研究領域主要為羞愧和脆弱，寫了好幾本暢銷書。她自稱「研究員和說故事的人」，常說：「也許故事就是有著靈魂的資料。」她於二〇一〇年六月在TEDxHouston上面的演說「脆弱的力量」（The Power of Vulnerability）在TED點閱率排名第四，截至二〇一四年底共一千七百萬人觀看，請參考www.ted.com/talks/brene_brown_on_

vulnerability（二〇一四年十月十八日上網取得的資料）。

2. Bianca Bosker, "Google Design: Why Google.com Homepage Looks So Simple," *Huffington Post*, March 27, 2012, www.huffingtonpost.com/2012/03/27/google-design-sergey-brin_n_1384074.html（二〇一四年十月十八日上網取得的資料）。

3. 請參考poliotoday.org。該網站歷史部分的連結如下，裡面提到對於文化的影響和統計數據：poliotoday.org/?page_id=13（二〇一四年十月十八日上網取得的資料）。
poliotoday.org網站由沙克的研究機構沙克生物研究所設立和維護。

4. 這份小兒麻痺症倖存者名單由維基百科編輯，內容包含名單上每個人的資料引述來源：en.wikipedia.org/wiki/List_of_poliomyelitis_survivors（二〇一四年十月十八日上網取得的資料）。

5. 關於小兒麻痺疫苗研發的過程眾說紛紜，以下為其中一種說法：www.chemheritage.org/discover/online-resources/chemistry-in-history/themes/pharmaceuticals/preventing-and-treating-infectious-diseases/salk-and-sabin.aspx（二〇一四年十月十八日上網取得的資料）。

6. Harold M. Schmeck, Jr., "Dr. Jonas Salk, Whose Vaccine Turned Tide on Polio, Dies at 80," *New York Times*, June 24, 1995, www.nytimes.com/1995/06/24/obituaries/dr-jonas-salk-whose-vaccine-turned-tide-on-polio-dies-at-80.html（二〇一四年十月十八日上網取得的資料）。

6 好品味，以及適時收起好奇心的力量

1. 出自於一九九六年五月二十七日薩根於美國公共電視網《查理．羅斯秀》接受查理．羅斯訪問時所說的話，完整的訪問內容請參考YouTube網站：www.youtube.com/watch?v=U8HEwO-2L4w（二〇一四年十月十八日上網取得的資料）。在接受訪問時，天文學家兼作家薩根已罹患骨髓癌，半年後於一九九六年十二月二十日辭世。
2. 丹佐華盛頓說，他參與演出《美國黑幫》的前提是，他所飾演的海洛英毒梟法蘭克．盧卡斯（Frank Lucas）最後會受到法律制裁。
3. 想像娛樂公司在那斯達克證券交易所（NASDAQ）的交易代號是IFEI（Imagine Films Entertainment Inc.）。

7 好奇心的黃金時代

1. 出自於一九五一年克拉克預測未來太空旅行的書《太空探索》（*The Exploration of Space*）〔由紐約哈波兄弟出版社（Harper and Brothers）於一九五一年出版〕，第十八章，第一八七頁。
2. 蜜蜂的速度很快，相當驚人：牠們飛行的時速大約十五哩，必要時可達二十哩，相當於一部緩慢行駛的汽車，但是由於牠們很小，近距離讓人感覺非常快速。若想更了解蜜蜂飛行速度，請參考加州大學（University of California）網站：ucanr.edu/blogs/blogcore/

postdetail.cfm?postnum=10898（二〇一四年十月十八日上網取得的資料）。

3. 關於虎克的科學貢獻傳記資料請參考以下期刊：Michael W. Davidson, "Robert Hooke: Physics, Architecture, Astronomy, Paleontology, Biology," *LabMedicine* 41, 180-82。

也可上網站查看：labmed.ascpjournals.org/content/41/3/180.full（二〇一四年十月十八日上網取得的資料）。

4. 好奇心是「非法的衝動」出自於《好奇心》（*Curiosity: A Cultural History of Early Modern Inquiry*）一書，二〇〇一年由芝加哥大學出版社（University of Chicago Press）出版，第二十五頁。

5. Beina Xu, "Media Censorship in China," *Council on Foreign Relations*, February 12, 2014, www.cfr.org/china/media-censorship-china/p11515（二〇一四年十月十八日上網取得的資料）。

6. 馬克思說：「宗教是人民的鴉片。」原句應為"Religion is the opium of the masses"，但一般引用時，往往把opium誤植為opiate。馬克思的那段話相當有啟發性，因為他觀察到勞動階級飽受壓迫，相當痛苦，認為宗教試圖掩蓋，並為其辯解。整句話出自於《黑格爾法哲學批判》（*Critique of the Hegelian Philosophy of Right*）第一三一頁，劍橋大學出版社（Cambridge University Press）於一九七七年出版：

「宗教的苦難，既是對現實苦難的表現，又是對現實苦難的抗議。宗教是被壓迫生靈無聲的嘆息，是無情世界裡的有情，就像是沒有精神的制度裡的精神一樣，它是人民的鴉片。

「廢除人民幻想當中幸福的宗教，就是實現他們真正的幸福需求。要揚棄關於這處境的幻想，就要揚棄產生這種幻想的處境。因此，由於宗教是這苦難世界的光環，對宗教的批判就是對苦難世界的批判。」

BO0231

好奇心：生命不在於找答案，而是問問題

原　書　名／A Curious Mind: The Secret to a Bigger Life
作　　　者／布萊恩．葛瑟（Brian Grazer）、
　　　　　　查爾斯．費希曼（Charles Fishman）
譯　　　者／李宜懃
編 輯 協 力／李晶
責 任 編 輯／鄭凱達
企 劃 選 書／陳美靜、鄭凱達
版　　　權／黃淑敏
行 銷 業 務／莊英傑、張倚禎、石一志

總　編　輯／陳美靜
總　經　理／彭之琬
發　行　人／何飛鵬
法 律 顧 問／台英國際商務法律事務所　羅明通律師
出　　　版／商周出版
　　　　　　臺北市104民生東路二段141號9樓
　　　　　　電話：(02) 2500-7008　傳真：(02) 2500-7759
　　　　　　E-mail: bwp.service @ cite.com.tw
發　　　行／英屬蓋曼群島商家庭傳媒股份有限公司　城邦分公司
　　　　　　臺北市104民生東路二段141號2樓
　　　　　　讀者服務專線：0800-020-299　24小時傳真服務：(02) 2517-0999
　　　　　　讀者服務信箱E-mail: cs@cite.com.tw
　　　　　　劃撥帳號：19833503　戶名：英屬蓋曼群島商家庭傳媒股份有限公司城邦分公司
訂 購 服 務／書虫股份有限公司客服專線：(02) 2500-7718；2500-7719
　　　　　　服務時間：週一至週五上午09:30-12:00；下午13:30-17:00
　　　　　　24小時傳真專線：(02) 2500-1990；2500-1991
　　　　　　劃撥帳號：19863813　戶名：書虫股份有限公司
　　　　　　E-mail: service@readingclub.com.tw
香港發行所／城邦（香港）出版集團有限公司
　　　　　　香港灣仔駱克道193號東超商業中心1樓
　　　　　　E-mail: hkcite@biznetvigator.com
　　　　　　電話：(852) 25086231　傳真：(852) 25789337
馬新發行所／城邦（馬新）出版集團
　　　　　　Cite (M) Sdn. Bhd.
　　　　　　41, Jalan Radin Anum, Bandar Baru Sri Petaling, 57000 Kuala Lumpur, Malaysia.
　　　　　　電話：(603) 9057-8822　傳真：(603) 9057-6622　E-mail: cite@cite.com.my

封面構成／廖勁智
印　　刷／鴻霖印刷傳媒股份有限公司
經 銷 商／聯合發行股份有限公司　新北市新店區寶橋路235巷6弄6號2樓
　　　　電話：(02) 2917-8022　傳真：(02) 2911-0053

■2015年7月30日　初版1刷
■2021年9月16日　初版11.3刷

Printed in Taiwan

定價360元

ISBN 978-986-272-842-0

國家圖書館出版品預行編目（CIP）資料

好奇心：生命不在於找答案，而是問問題／布萊恩．葛瑟（Brian Grazer），查爾斯．費希曼（Charles Fishman）著；李宜懃譯. -- 初版. -- 臺北市：商周出版：城邦文化發行, 2015.08
面；　公分
譯自：A Curious Mind: The Secret to a Bigger Life
ISBN 978-986-272-842-0（平裝）

1. 好奇　2. 自我實現

176.65　　104011243